3판

전략적 원가관리를 위한 회계정보 창출 활용 입문서

新 원가회계 해답집

신홍철 | 이주원 | 강대준

經文社

차례

01 원가회계의 세상 속으로

단답식 개념문제

01. 원가(비용), 가치　02. 매출원가　03. 관련원가　04. 측정, 의사결정, 정보
05. 기록계산, 주의환기, 문제해결　06. 목적, 원가

[문 1] 흔히 기업이 제공하는 제품이나 서비스의 원가를 파악하기 위한 기록계산(score-keeping)이나 원가관리를 포함하는 원가회계는 관리회계와 재무회계의 공통분야에 해당한다. 즉, 제품 또는 서비스 원가계산은 외부보고목적의 재무제표 작성에 필요한 재고자산이나 매출원가 산정을 위해 필수적일 뿐만 아니라 내부경영자의 관리목적상 필요한 성과보고서 작성의 기초가 된다.

[문 2] ① 보고서의 주이용자 : 재무회계에서는 외부이용자(주주, 채권자)이고 관리회계에서는 조직 내부구성원(경영자 및 관리자)임.
② 보고서의 빈도 : 재무회계 보고서는 년 또는 반기 단위로 이루어지고, 관리회계는 다양한 보고서형태로 월 또는 주 단위로 때로는 하루에도 여러 차례 이루어짐
③ 보고서의 목적 : 재무회계는 주주나 채권자 그리고 노조나 일반대중 등 기업외부의 이해관계자를 대상으로 한 기업경영성과 및 재무상태에 관한 외부보고가 목적이고, 관리회계는 관리자를 위한 정보제공이 주목적이다.

[문 3] 타당성(propriety)은 조직이 설정한 목표가 타당한 것인지를 나타내는 것이고, 효과성(effectiveness)은 목적달성의 정도를 그리고 효율성(efficiency)은 투입에 대한 산출의 상대적인 비율로 투입을 얼마나 효율적으로 활용하였는가를 나타내는 것이다.

[문 4] (1) 학생들을 교수가 생각하는 바람직한 방향으로 유도하고 최선을 다하도록 동기부여를 꾀하기 위한 통제활동에 해당함.
(2) 여행개시 전에 지도를 이용하여 도착지까지의 경로를 체크하는 것은 계획기능에 해당하고 중간중간에 제대로 가고 있는가를 확인하기 위하여 사전에 파악한 경유지를 체크하는 것은 통제기능에 해당한다. 요컨대 무작정 여행을 떠나는 대신

에 사전에 면밀한 계획을 세워두면 실제 여행이(즉, 통제가) 수월하다.

(3) 무엇을 이용하여 어떻게 장식하는가는 계획활동에 속하고 실제로 그것이 제대로 장식되도록 하는 것은 통제활동에 해당한다.

(4) 대표적인 통제활동이다.

[문 5] 전통적으로 상기업(merchandising company)의 핵심성공요인(CSF)은 구매이다. 향후 잘 팔릴 디자인이 우수하고 품질이 뛰어나며 값이 싼 상품을 잘 구매하면 광고 등 판촉활동 없이도 판매는 쉽게 이루어지기 때문이다.

〈주〉 디자인이 중요시되는 오늘날 영어표현은 'well-designed is half-sold'로 바뀔 수 있다.

[문 6] 기업외부의 일반이용자를 위해 GAAP에 따라 일반목적의 보고서를 작성하는 것을 다루는 재무회계는 신뢰성 및 객관성을 강조한다. 그러나 내외부 이용자를 위한 원가 산정 및 다양한 의사결정을 지원하는 원가회계는 특정목적을 위해서는 유용하다고 판단되는 정보는 틀에 얽매임이 없이 다양한 보고서를 통해 이용된다. 요컨대 원가회계는 재무보고를 위한 원가계산뿐만 아니라 미래 목적에 부합되고 현재 직면한 의사결정과의 관련성이 강조된다.

[문 7] 회계정보의 3대 기능은 ① 기록계산(score－keeping), ② 주의환기(attention－directing), ③ 문제해결(problem－solving)로 요약된다.

[문 8] 경영의 3대 기능은 크게 ① 계획(planning), ② 조직(organizing), ③ 통제(controlling)로 요약된다.

[문 9] 당연히 넓다. 왜냐하면, 일반적으로 인정된 회계기준에 따라 회계 처리 및 보고가 이루어지는 외부정보 이용자를 위한 재무회계와 달리, 내부 정보이용자를 위한 원가회계에서는 재무 정보 이외에 (품질, 시간, 혁신 등등의) 비재무정보까지를 측정 및 보고 대상으로 삼기 때문이다. 또한 재무회계가 과거에 발생한 거래를 중심으로 다룬 반면에 원가회계에서는 미래 의사결정 지원을 위해 (비록 불확실하고 아직 발생하지 않은 사건이더라도) 의사결정에 유용한 정보일 경우 미래 정보(가령, 사전원가)도 수집 및 보고 대상으로 삼는다.

[문10] 불과 며칠 전에 구입한 제품(가령, 복사기)에 비해 빠르고 토너가 적게 소요되어 (이미 구입한 복사기를 포기하는 것이 정답일 정도로) 경제성이 훨씬 높은 신형 제품이 출시된 경우 새것으로 대체하는 것이 바람직한데도 대부분의 경우 이미 비싼 돈 주고 산 것을 놀릴 수 없다는 이유로 비싼 토너에 느린 복사기를 고집하는 경우가 일례이다. 또 다른 예로는 자신의 생일 파티 목적으로 구입한 2장의 콘서트 티켓을 당일 피치 못한 사정으로 가지 못하게 된 경우 (취소나 타인에게의 판매가 금지되었다고 가정할 경우) 티켓구매시 지출한 금액은 매몰원가(sunk cost)임을 고려하여 가까운 이웃에게 무료로 기부하여 그들에게 즐거움을 주는 것 또한 다른 예에 속한다.

기업 실무에서도 이와 유사한 예를 볼 수 있다. 삼성전자 부품을 서울에서 싣고 구미 공장으로 내려간 트럭이 돌아올 때 빈차로 오는 대신에 (어차피 되돌아오는 입장에서는 서울에서 구미까지의 운송비는 매몰원가에 해당함) 비록 경쟁업체이지만 LG전자의 제품을 서울까지 운반해 주고 구미에서 서울까지 해당 제품을 운반할 때 추가로 발생하는 (적재량 증가로 인한 연비 감소에 따른 유류비 증가액) 원가 이상의 보상을 받고서 운송해 주고 있다. 이런 (비경쟁영역에서는 경쟁업체끼리도 원가절감을 위해서는 협력관계를 유지하는) 사례도 넓은 의미에서는 매몰원가를 활용하는 사례이다.

[문 11] 원가관리는 원가분석 및 원가절감을 포함한 가장 넓은 개념이다. 원가관리 목적으로 수행되는 분석이 원가분석이고 원가절감은 원가 낮추는 것에 초점을 맞춘 원가관리의 일부 영역을 말한다. 원가통제는 당초 계획한 대로 원가발생이 이루어지도록 조치를 취하는 것을 지칭한다.

연습문제

객관식

[문 1] ③

회계정보의 3대 기능은 앞서 소개한 것처럼 (i) 기록계산기능, (ii) 주의환기기능, (iii) 문제해결기능임

[문 2] ③

원가계산의 목적은 본문의 〈그림 1.6〉 참조.

[문 3] ⑤

원가관리영역이 종전의 제품에서 프로세스 중심으로 확대되었다.

[문 4] ①

원가회계에서는 원가정보의 산출을 위한 기록계산기능(score-keeping)과 원가분석(가령, 원가차이 조사 등)을 위한 주의환기기능(attention-directing) 기능이 강조된다. 참고로 관리회계에서는 주의환기기능과 문제해결기능이 강조된다.

주관식

[문 1] 기록계산, 주의환기, 문제해결

① 기록계산기능 : (1), (3)

② 주의환기기능 : (2), (5), (6), (7), (8)

③ 문제해결기능 : (4)

[문 2] 기록계산, 주의환기, 문제해결

(1) 기록계산기능(score－keeping),

(2) 문제해결기능(problem－solving)

(3) 주의환기기능(attention－directing)

[문 3] 경영환경 변화와 원가 이슈

① 다품종 소량생산방식(고객변화는 100인 1색에서 1인 1색 시대로 바뀌었다).

② 간접원가의 비중은 늘어나게 되어 ABC 같은 원가계산기법이 대두되었다. (7장 참조)

③ T(v). 자동화와 같은 변화는 노무비 비중을 줄일 뿐만 아니라 고정비 비중을 늘리는 변화를 초래한다. (제2장 참조).

④ *purchased* 대신에 *designed*로 바꾸면 됨.

02 원가와 원가계산의 기본

단답식 개념문제

01. 원가집계, 원가부과　02. 가치사슬　03. 고정, 변동

[문 1] 본장에서 강조되고 있는 원가회계의 두 가지 주요 목적은 제품원가계산에 관한 것과 계획과 통제를 위한 의사결정에 관한 것이다.

[문 2] 직접재료비, 직접노무비, 제조간접비

[문 3] ① 제조간접비 : 직접재료비와 직접노무비를 제외한 모든 원가로서 제조과정과 관련 있는 것

② 간접재료비 : 완성된 제품에 투입된 재료소비액 중에서 어떤 특정한 제품에 부담시킬 수 없고 단지 전체 제품생산에 공헌되었다고 보는 원가

③ 간접노무비 : 제품을 완성시키는 데 소요된 노무비 중 특정한 제품에 부과할 수는 없지만 제품생산을 위해서는 필요한 원가

④ 주요원가 : 직접재료비와 직접노무비를 합친 것

⑤ 가공비 : 직접노무비와 제조간접비를 합한 것

[문 4] ① Factory overhead, ② Indirect manufacturing cost, ③ Factory burden, ④ Manufacturing expenses

[문 5] 직접노무비는 특정제품에 부담시킬 수 있는 원가이고, 간접노무비는 특정제품에 부과할 수 없는 원가를 말한다. 다시 간접노무비를 몇 가지 항목으로 분류할 수 있는데 이 중 초과근무수당은 모든 공장의 노무자들에게 그들의 시간당 임률을 초과하여 지급된 임금을 말한다. 비록 초과근무시간에 어떤 제품이 생산되었는가는 쉽게 파악할 수 있지만 그렇다고 해서 초과근무수당을 동제품에 부과하기는 무리이다. 왜냐하면 초과근무가 필요하게 된 근본적인 이유는 수요가 생산능력(즉, 커패서티)을 초과하기 때문이고 어떤 제품을 정규작업시간 대신에 초과근무시간에 생산할 것인가는

사전에 당위적으로 정해지기보다는 임의로 이루어지는 것(즉, Job scheduling is usually random!)이기 때문이다. 물론 한 제품만 생산할 경우에는 직접비로 처리될 것이다.

[문 6] 단기적인 생산활동에서 총고정원가는 일정하게 유지된다. 반면에 단위당 평균고정원가는 조업도수준의 증가에 따라 감소된다. 변동비와 고정비의 구분은 총액의 발생을 기초로 이루어짐을 명심할 필요가 있다.

[문 7] 그렇지 않다. 특정 제품라인만 관리하는 공장감독자 급여는 직접비이지만 생산량 변화와 무관한 고정비이다.

[문 8] 그렇지 않다. 특정 제품라인만을 위해 설치된 설비의 감가상각비나 관리를 담당하는 공장감독자 급여는 직접비에 해당한다.

[문 9] 발생 즉시 비용으로 처리되는 원가는 수익과의 대응관계를 강조하여 기간비용이라고 하고, 원가발생시 일단 제조원가로 파악되었다가 후일 비용으로 처리되는 원가를 제품원가라고 한다.

[문10] 제품이 팔리는 시점에서 재고자산으로 분류되었던 미소멸원가(가령, 완제품 재고)는 당기 매출에 대응되어(일명, 수익비용의 대응) 소멸되어 비용화된다. 따라서 매출원가는 비용임을 지칭하는 매출비용이 보다 적합한 용어이다.

[문11] 원가회계에서는 총원가개념보다는 단위원가개념이 많이 쓰이는 데 그 이유는 ① 단위판매가격을 결정하기 위해서나 ② 전년도와의 비교 등에서 총원가보다는 단위원가 정보가 경영자에게 유용하기 때문이다.

[문12] 공장용 소모품비, 간접노무비, 윤활유 등

[문13] 공장용 고정자산의 임차료, 보험료, 감가상각비

[문14] 원가동인이란 총원가의 변화를 초래하는 요인 또는 요소를 말한다. 가장 대표적인 원가동인은 조업도동인이다

[문15] 원가대상이란 경영자가 파악하고자 하는 원가집계의 목적물을 말한다. 원가대상의 대표적인 예로는 제품, 고객, 서비스, 프로젝트, 상표, 활동, 부문, 프로그램 등이 있다.

[문16] 원가집합이란 원가대상에 부과하기 위한 목적에서 상호 유사성을 갖는 원가들의 집합체를 의미한다. 대표적인 예로는 셋업원가, 검사원가 등을 들 수 있다.

[문17] 원가계산은 원가집계와 원가부과라는 2단계 절차를 거친다. 원가집계는 조직내에서 수행되는 다양한 활동으로 인한 자원의 소비를 파악하는 것으로 원가계산을 위한 첫 단계이다. 그리고 원가부과는 집계된 원가를 원가대상에 적절히 부여하는 것이다. 원가집계와 원가부과가 반드시 순차적으로 이루어지는 것은 아니다. 즉, 원가집계가

먼저 이루어지고 나서야만 원가부과가 이루어지는 것이 아니라 직접원가의 경우 두 단계가 동시에 이루어질 수 있다.

[문18] ① 제품가격결정과 제품관련 의사결정 : 이 경우 제품원가는 고객의 손에 건네질 때까지 가치사슬 전반에 걸쳐 발생한 원가를 포함하여 측정되기 때문에 제조원가보다 범위가 넓다. 이러한 원가는 제품원가보다는 제품관련원가라는 명칭이 적합하다.

② 정부기관과의 계약 : 원가보상방식으로 정부기관과 납품계약을 체결할 경우 어떠한 원가가 보상될지를 구체적으로 밝힌 지침서를 납품업체에게 사전에 제공한다. 가령, R & D원가의 일부만을 인정하고 마케팅원가는 전액 인정하지 않는 것 등이 그것이다.

③ 재무제표 작성 : 제조기업의 재무제표 작성목적으로 제조원가만이 제품원가에 반영된다. 즉, 재고가능원가에 국한되는 것이다.

[문19] 직접재료비, 직접노무비, 제조간접비와 같은 제조원가와 일부 연구개발비 등이다.

[문20] 기업은 기본적으로 재료로 다른 투입물을 이용하여 다른 형태로 변환된 다양한 유형의 제품을 생산하여 소비자에게 공급한다. 따라서 재료와 다른 투입물이 재공품 및 완성품 그리고 궁극적으로 매출원가로 변환되는 기본형태의 변화과정을 추적해야 하는 제조업체는 이런 변화과정이 불필요한 서비스업체에 비해 생산과정을 뒷받침하는 회계시스템(즉, 원가회계시스템)이 복잡할 수밖에 없다.

[문21] 직접원가와 간접원가의 분류는 추적대상인 원가대상이 무엇이냐에 따른 분류이다. 따라서 기업이 취급하는 품목이나 조직체계 또는 업무방식이 바뀌면 분류가 바뀔 수 있다. 가령, 수작업방식에서 기계화로 전환하여 단일기계가 여러 제품생산을 지원하면 종전의 직접노무비는 제조간접비(즉, 기계감가상각비)로 바뀐다.

[문22] 간접노무비(가령, 공장엔지니어 급여), 간접재료비, 감가상각비, 동력비 등

[문23] 용역잠재력으로 정의되는 모든 자산은 궁극적으로 언젠가는 비용으로 바뀐다. 제조기업의 재고자산에 해당하는 제품이나 재공품 그리고 원재료 또한 언젠가는 비용이 된다. 단지 비용으로 인식되는 시점상 차이를 보일 뿐 제조가 완료된 후 판매가 이루어지면 매출원가라는 비용이 되는 것이다. 이처럼 자산이 본래의 목적을 수행하는 가운데 비용화된 부분은 자산원가가 사라졌음을 강조하는 의미의 소멸원가로 그리고 여전히 남아 있는 자산원가(가령, 재고자산)는 미소멸원가로 미래에 비용화됨을 강조한다.

연습문제

객관식

[문 1] ③

제조원가는 생산활동에 투입된 원가를 의미한다. 본사건물의 감가상각비는 생산활동에 공헌한 원가가 아니므로 기간비용으로 처리한다.

[문 2] ①

변동원가의 행태는 생산량의 변동에 따라 총원가는 비례적으로 변동하나, 단위당 변동원가는 일정하다.

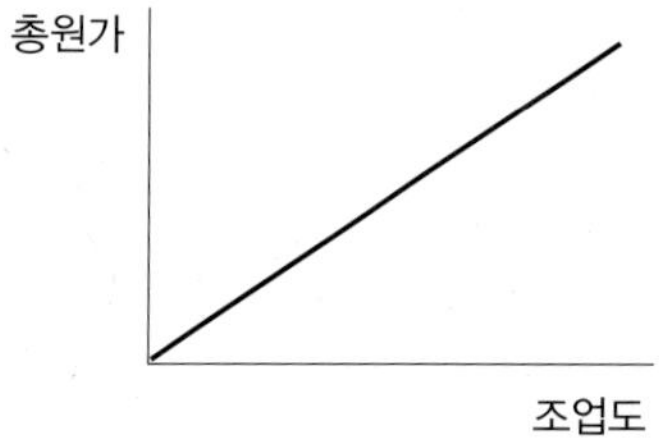

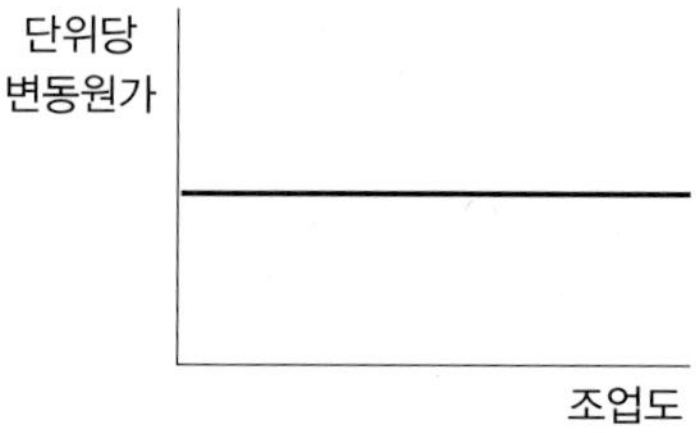

[문 3] ③ 의사결정 관련성에 따라 관련원가와 비관련원가, 기회원가와 매몰원가, 회피가능원가와 회피불능원가로 분류한다.

[문 4] ③ 원가동인은 원가대상에 따라 매우 다양하다.

[문 5] ① 고정원가는 조업도의 변동과 관계없이 총비용이 일정하다. 따라서 조업도가 증가하면 단위당 고정원가는 감소하게 된다.

[문 6] ②

[문 7] ② 고정비(간호사의 월급)와 변동비(초과근무수당)가 혼합되어 있으므로 혼합원가(또는 준변동원가)가 된다.

[문 8] ⑤

[문 9] F 주요원가는 DM+DL, 가공원가는 DL+OH임을 감안할 때 두 원가의 합은 제조원가보다 DL 만큼 크다.

주관식

[문 1] (1) 변동비 (2) 고정비

(3) 준고정비(계단식)

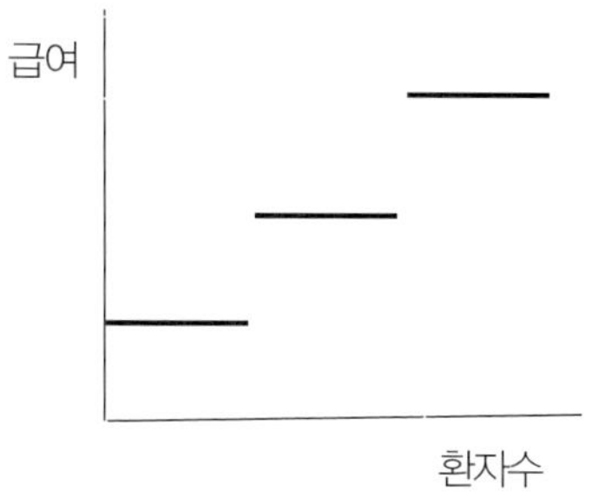

(4) 고객수 기준: 고정비　　　　　　　영업시간 기준: 혼합비

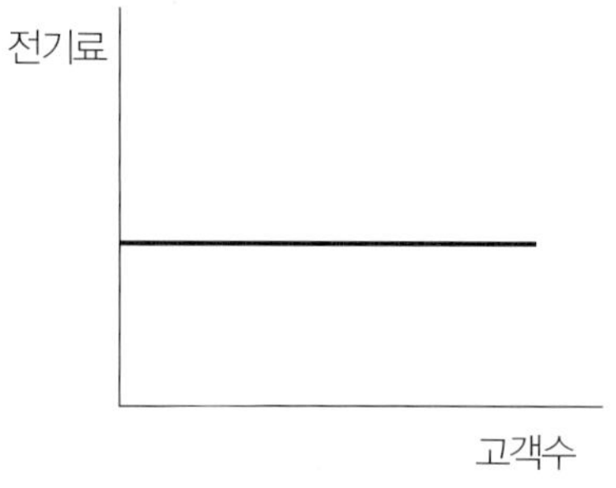

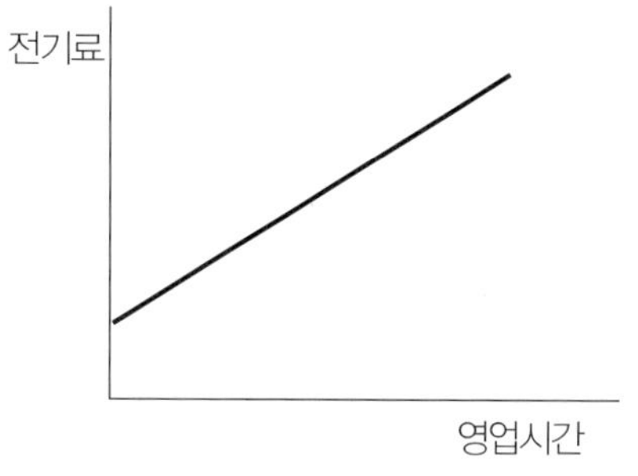

(5) 고정비　　　　(6) 혼합비　　　　(7) 변동비

[문 2] 원가분류 및 원가개념(Ⅰ)

① 가공비 = 직접노무비 + 제조간접비
= ₩300,000 + (150,000 ; FOH + 120,000 ; VOH)
= **₩570,000**

② 재고가능원가(제조원가) = 직접재료비 + 직접노무비 + 제조간접비
= ₩260,000 + 300,000 + (150,000 ; FOH + 120,000 ; VOH)
= **₩830,000**

③ 제조원가(재고가능원가) = **₩830,000**

④ 변동제조원가 = 직접재료비 + 직접노무비 + 변동제조간접비
= ₩260,000 + 300,000 + 120,000
= **₩680,000**

⑤ 총고정비 = 고정제조간접비 + 급료 + 소모품비 + 조세공과
= ₩150,000 + 200,000 + 40,000 + 30,000
= **₩420,000**

⑥ 주요 원가(기초원가) = 직접재료비 + 직접노무비
= ₩260,000 + 300,000
= **₩560,000**

⑦ 제조직접비 = 직접재료비 + 직접노무비
= ₩260,000 + 300,000
= **₩560,000**

⑧ 총변동비 = 직접재료비 + 직접노무비 + 변동제조간접비 + 판매수수료
= ₩260,000 + 300,000 + 120,000 + 90,000
= **₩770,000**

⑨ 제품원가(제조원가) = 직접재료비 + 직접노무비 + 제조간접비
= ₩260,000 + 300,000 + (150,000 + 120,000)
= **₩830,000**

[문 3] 원가분류 및 원가개념(II)

① 재고가능원가 = ② 제조원가 = 재료원가 + 노무원가 + 제조간접원가
= ₩80,000 + 50,000 + 200,000 = **₩330,000**

③ 변동제조원가 = 직접재료원가 + 변동제조간접원가
= ₩80,000 + 200,000 = **₩280,000**

④ 가공원가 = 직접노무원가 + 제조간접원가
= ₩50,000 + 200,000 = **₩250,000**

⑤ 제품원가 = 연구개발 · 설계원가 + 제조원가 + 판매비와관리비 + 유통원가 + A/S비용
= ₩1,200,000 + 330,000 + 150,000 + 100,000 + 30,000 = **₩1,810,000**

[문 4] 원가분류: 직접원가, 간접원가, 변동원가, 고정원가

① 재고가능원가 = 직접재료비 + 직접노무비 + 제조간접비
= ₩150,000 + 400,000 + 150,000 + 200,000
= **₩900,000**

② 주요원가 = 직접재료비 + 직접노무비
= ₩150,000 + 400,000
= **₩550,000**

③ 당기총제조원가 = 직접재료비 + 직접노무비 + 제조간접비
= ₩150,000 + 400,000 + 150,000 + 200,000
= **₩900,000**

④ 총변동원가 = 직접재료비 + 변동제조간접비 + 소모품비 + 판매수수료
= ₩150,000 + 150,000 + 50,000 + 80,000
= **₩430,000**

⑤ 가공비 = 직접노무비 + 제조간접비
= ₩400,000 + 150,000 + 200,000
= **₩750,000**

⑥ 변동제조원가 = 직접재료비 + 변동제조간접비
= ₩150,000 + 150,000
= **₩300,000**

⑦ 제품원가 = 직접재료비 + 직접노무비 + 제조간접비
= ₩150,000 + 400,000 + 150,000 + 200,000
= **₩900,000**

* 과거 기출문제에서 직접노무비를 전액 변동비로 간주하였지만 현재는 공장자동화 추진으로 직접노무비가 전액 고정비의 성격이 강해졌다.

〈TIP〉 변동비 = 직접비 (X)
고정비 = 간접비 (X)

03 원가흐름과 원가추정

단답식 개념문제

01. 재공품 02. 학습 03. 학습곡선

[문 1] 첫째, 원가함수는 단일원가동인으로 표현될 수 있다는 것, 둘째, 적절한 범위내에서 원가함수는 선형(직선)으로 표현할 수 있다는 것이다.

[문 2] ① 산업공학적 방법 : 학습효과의 파악이 중요시되는 신제품생산 또는 생산공정상의 변화가 예상되는 경우의 원가추정에 유용하다. 단순히 과거자료를 이용하는 대신 현행작업에 대한 측정결과를 이용하기 때문에 타 방법에 비해 정확도가 높지만 시간과 비용이 많이 소요된다.

② 계정분석법 : 이 방법은 실무에서 손쉽게 사용할 수 있으나, 원가회계담당자의 주관적인 판단에 크게 의존한다는 단점을 갖는다.

③ 산포도법 : 이 방법은 매우 주관적이며 비과학적이다.

④ 고저점법 : 대표점으로 활용되는 고저점이 모집단을 대표하지 못할 경우 분석결과가 비현실적일 수 있다는 단점을 갖는다. 그러나 상당한 시간과 노력이 필요한 계정분석법보다 객관적이며 자료가 제한적일 경우에도 적용할 수 있다는 장점을 갖는다.

⑤ 준평균법 : 모든 관측치를 활용한다는 점에서 고저점법의 단점을 보완하였지만, 추정식에 의한 추정값과 실제값이 대부분 서로 일치하지 않는다.

⑥ 회귀분석법 : 이론적으로 가장 우수한 방법이며 대표적인 통계기법이고 원가함수 예측상 이용가능한 모든 자료를 활용한다는 점에서 매우 유용한 예측치를 제공한다. 그러나 이 방법이 제대로 이용되기 위해서는 통계적 지식은 물론 기업의 운영활동에 관한 지식이 뒷받침되어야 한다.

[문 3] 당연히 독립변수의 고저점을 이용하여야 한다. 참고로 고저점법에서 한 가지 유의할 점은 과연 어떤 점을 고점과 저점으로 선정할 것인가이다. 무조건 자료상의 고 · 저

점을 이용하여야 한다는 견해와 100% 자료에 기초한 극단적인 고저점을 이용하는 대신에 기업의 상황을 가장 잘 대표할 수 있는 두 조업도를 선택하여야 한다는 견해가 있다.

[문4] ① 입찰가격 등 가격결정, ② 생산일정계획 수립 및 제품납기일 추정, ③ 표준원가차이분석 및 성과평가, ④ 재고자산평가 및 예산편성

[문5] 학습곡선은 원래 작업자의 손길이 중요한 조립산업 등 노동집약적 산업을 대상으로 작업자의 반복작업에 의한 생산성 변화에 초점을 맞추었다. 왜냐하면 학습현상은 노동집약적 생산환경하에서 신제품 생산 및 신규작업자에게 주로 경험의 누적과 더불어 발생하기 때문이다. 그러나 최근의 공장자동화와 더불어 제조환경이 점차 수작업 위주에서 기계화로 탈바꿈하고 장기근속자의 수가 줄어듦에 따라 학습현상은 대폭 줄어들게 되었다.

[문6] 학습률은 누적생산량이 2배가 되었을 때 누적평균작업시간의 감소비율을 말한다. 90%의 학습률과 80%의 학습률을 비교하면, 첫 번째 생산 소요시간이 100시간인 경우 두 개를 생산하는데 소요되는 평균시간은 90과 80이 된다. 총 두 개를 생산하는데 180시간(90×2개), 160시간(=80×2개)이 소요된 셈이니, 2번째 생산에 소요된 시간은 학습률 90%의 경우 80시간(=180－100), 학습률 80%의 경우 60시간(=160－100)이 된다. 따라서 학습률이 낮을수록 학습효과가 큰 것을 알 수 있다. “학습률이 높을수록 좋다”는 주장은 옳지 않다.

[문7] 학습지수는 학습현상이 일어나는 기간 동안의 생산성 향상 정도를 나타내는 것으로 학습률이 낮을수록 생산성 향상 효과가 커지므로 학습지수 값이 커진다. 따라서 학습률이 높으면 학습지수는 낮아진다는 주장은 옳다.

[문8] 고저점법에서 자료상 가장 높은 점과 가장 낮은 점을 선정할 때는 과연 기업의 상황을 가장 잘 대표하는 조업도인지, 혹시 비정상적인 조업상태에서 발생한 예외적인 수치(outlier)인지를 고려해야 한다.

[문9] 누적평균학습모형이 증분단위시간학습모형보다 큰 원가절감을 가져온다. 난생 처음 큐브맞추기를 했을 때 첫번째 게임시간과 두 번째, 4번째, 8번째 게임소요시간의 단축율을 계산하는 증분단위시간 학습모형보다는 두 번의 게임소요평균시간, 4번의 게임평균시간, 8번의 게임평균시간 단축률을 계산하는 누적평균학습모형이 총8번의 게임에 소요된 총시간을 더 적게 계산한다.

연습문제

객관식

[문 1] ③

회귀분석법은 고정비와 변동비에 의한 원가함수가 1차식에서도 가능하다.

[문 2] ①

당기제품제조원가(₩850,000)

=직접재료비+직접노무비+변동제조간접비+고정제조간접비+기초재공품-기말재공품

=₩200,000+300,000+300,000+100,000+250,000-기말재공품(?)

따라서 기말재공품원가는 ₩300,000이 된다.

[문 3] ②

주요원가=(₩1,000,000×70%)+(₩10,000×100시간)=₩1,700,000

[문 4] ②

1단계 : 재료비=기초원재료재고액+당기원재료매입액-기말원재료재고액

=₩2,000,000+6,000,000-1,500,000

=₩6,500,000

2단계 : 당기총제조원가=₩6,500,000+3,700,000+1,800,000

=₩12,000,000

3단계 : 당기제품제조원가=기초재공품+당기총제조원가-기말재공품

=₩500,000+12,000,000-600,000

=₩11,900,000

4단계 : 제품매출원가=기초제품+당기제품제조원가-기말제품

=₩3,000,000+11,900,000-2,000,000

=₩12,900,000

[문 5] ②

직접재료비 ₩4,400,000=₩1,000,000+5,000,000-1,600,000

당기총제조비용 ₩24,000,000=₩25,000,000+2,000,000-3,000,000

직접노무비(A)+제조간접비(0.4×A)=₩24,000,000-4,400,000

∴ 직접노무비(A)=₩14,000,000

[문 6] ②

당기제품제조원가=기초재공품+당기총제조원가-기말재공품

당기총제조원가=당기제품제조원가-기초재공품+기말재공품

=₩12,800,000-500,000+600,000=₩12,900,000

노무비=당기 지급액+당기 미지급액-전기 미지급액

=₩4,000,000+2,000,000-1,000,000=₩5,000,000

재료비=당기총제조원가-노무비-제조경비

=₩12,900,000-5,000,000-3,800,000=₩4,100,000

원재료매입액=재료비-기초재고+기말재고

=₩4,100,000-700,000+800,000=₩4,200,000

[문 7] ④

당월제품제조수량 : 100개(월말제품) + 450개(판매수량) - 200개(월초제품) = 350(개)
당월제품제조원가 : ₩490,000 - 70,000 = ₩420,000
완성품의 단위당 원가 : ₩420,000/350개 = ₩1,200/개

[문 8] ③

당기제품제조원가 = ₩60,000 + 100,000 - 50,000 = ₩110,000
매출원가 = ₩30,000 + 110,000 - 25,000 = ₩115,000

[문 9] ⑤

매출원가율 = 1 - 매출총이익률 = 1 - 0.3 = 0.7
매출원가 = ₩20,000 × 0.7 = ₩14,000
직접재료비 = 기초재고액 + 당기매입액 - 기말재고액
= ₩1,000+4,500 - 2,000 = ₩3,500
노무비 = 지급임금 - 기초미지급임금 + 기말미지급임금
= ₩6,000 - 2,000 + 4,000 = ₩8,000
직접노무비 = ₩8,000 × 0.5 = ₩4,000
제조간접비 = ₩1,500 + 4,000(간접노무비) = ₩5,500
당기완성품원가 = 매출원가 + 기말제품재고액 - 기초제품재고액
= ₩14,000 + 4,000 - 3,000 = ₩15,000
기초재공품재고액 = 당기완성품원가 + 기말재공품재고액 - 당기투입제조원가
= ₩15,000 + 3,000 - (₩3,500 + 4,000 + 5,500)
= ₩5,000

[문10] ①

주요원가 = 직접재료비 + 직접노무비
= ₩20,000 + 22,000 = ₩42,000

직접재료비 = 기초재고액 + 당기매입액 - 기말재고액
= ₩3,000 + 21,000 - 4,000 = ₩20,000

당기완성품원가 = 매출원가 + 기말제품재고액 - 기초제품재고액
= ₩90,000 + 60,000 - 70,000 = ₩80,000

당기투입제조원가 = 당기완성품원가 + 기말재공품재고액 - 기초재공품재고액
= ₩80,000 + 45,000 - 50,000
= ₩75,000 = 직접재료비 + 직접노무비 + 제조간접비

가공비 = 직접노무비 + 제조간접비 = 당기투입제조원가 - 직접재료비
= ₩75,000 - 20,000 = ₩55,000

직접노무비 = 가공비 × 0.4 = ₩55,000 × 0.4 = ₩22,000

[문11] ③

(1) 기계수선비

① 단위당 변동원가

$$\frac{₩2,149,000 - ₩1,741,000}{3,630시간 - 2,430시간} = 기계가동시간당\ @340$$

② 고정원가

₩2,149,000 − 3,630시간 × ₩340 = ₩914,800

(2) 7월 예상 기계가동시간

기계가동시간을 x라 하면, ₩2,019,800 = ₩914,800 + x시간 × @340

따라서 x = 3,250시간

[문12] ④

- 추가노동시간의 추정
  100단위 만들 경우 : 500시간×4배×0.9×0.9 = 1,620시간
  1,620시간 − 500시간 = 1,120시간
- 75단위 추가 생산 시 발생원가
  (₩1,450,000×3배) + (1,120시간×₩5,500) + (1,120시간×₩1,100) = ₩11,742,000

주관식

[문 1] 주요원가, 매출원가

(1) 당기총제조원가 : 기초원가(직접재료원가 + 직접노무원가) + 제조간접원가
₩325,000 + ₩25,000 = ₩350,000

(2) 당기제품제조원가 : 기초 재공품 + 당기총제조원가 − 기말 재공품
₩30,000 + ₩350,000 − ₩25,000 = ₩355,000

(3) 매출원가 : 기초 제품 + 당기제품제조원가 − 기말 제품
₩20,000 + ₩355,000 − ₩10,000 = **₩365,000**

[문 2] 원가흐름, 제조원가명세서와 손익계산서

1. 분개장에 기입

(1) 직접재료구입

(차) 직접재료	10,000	(대) 외상매입금	10,000

(2) 재료의 공정투입

(차) 재공품	40,000	(대) 직접재료	40,000

(3) 공정에의 인력투입

	(차) 재공품	15,000	(대) 미지급급여/노무비	15,000
(4)	제조간접비 발생액 기록			
	(차) 제조간접비	30,000	(대) 미지급비용	30,000
(5)	제조간접비를 재공품에 부과			
	(차) 재공품	30,000	(대) 제조간접비	30,000
(6)	완성품원가를 완제품에 대체			
	(차) 완제품	90,000	(대) 재공품	90,000
(7)	매출원가의 인식			
	(차) 매출원가	80,000	(대) 완제품	80,000
(8)	판매비및관리비의 계상			
	(차) 판매비와관리비	25,000	(대) 미지급비용	25,000
(9)	(차) 외상매출금	100,000	(대) 매 출	100,000

2. 원가의 흐름을 T계정에 전기한 결과

직접재료(DM)

기초	50,000		
(1)	10,000	(2)	40,000
기말	20,000		

재공품(WIP)

기초	14,000		
(2)	40,000		
(3)	15,000	(6)	90,000
(5)	30,000		
기말	9,000		

완제품(FG)

기초	5,000		
(6)	90,000	(7)	80,000
기말	15,000		

매출원가(COGS)

(7)	80,000		

미지급급여/외상매입금/미지급비용

		(1)	10,000
		(3)	15,000
		(4)	30,000
		(8)	25,000

외상매출금

(9)	100,000		

제조간접비

(4)	30,000	(5)	30,000

판매비와관리비

(8)	25,000		

매출수익

		(9)	100,000

3.

제조원가명세서

와우㈜	2019년 1월 1일~12월 31일	
직접재료비 :		
기초재고액	₩50,000	
당기매입액	10,000	
사용가능액	₩60,000	
기말재고액	20,000	₩40,000
직접노무비		15,000
제조간접비		30,000
당기총제조원가		₩85,000
+기초재공품재고액		14,000
합 계		₩99,000
-기말재공품재고액		9,000
당기제품제조원가		**₩90,000**

4.

손익계산서

와우㈜	2019년 1월 1일~12월 31일	
매 출 액		₩100,000
매출원가 :		
기초제품재고액	₩5,000	
당기제품제조원가	90,000	
매출가능액	₩95,000	
기말제품재고액	15,000	80,000
매출총이익		₩20,000
판매비와관리비		25,000
당기순이익(손실)		**₩(5,000)**

[문 3] 제조원가명세서와 손익계산서

제조원가명세서

와우㈜	2019년 1월 1일~12월 31일	
당기발생제조원가(A)		
• 직접재료비	₩22,000[2)]	
• 직접노무비	33,000[1)]	
• 제조간접비	27,000	₩82,000
+기초재공품(B)		15,000
=총투입원가(=A+B)		₩97,000
-기말재공품		17,500[3)]
=당기제품제조원가		**₩79,500**

1) 직접노무비=가공비×55%

=(직접노무비+제조간접비)×55%

=(직접노무비+₩27,000)×55%

∴ 직접노무비=₩14,850÷45%=₩33,000

2) 직접노무비=기본원가×60%

=(직접재료비+직접노무비)×60%

₩33,000=(직접재료비+₩33,000)×60%

∴ 직접재료비=₩13,200÷60%=₩22,000

3) 기말재공품재고액=기초재공품재고액+₩2,500

=₩15,000+₩2,500

=₩17,500

손익계산서

와우㈜ 2019년 1월 1일~12월 31일

Ⅰ. 매출액		₩120,000
Ⅱ. 매출원가		
기초완제품재고액	₩8,000	
당기제품제조원가	79,500	
총판매가능액	87,500	
기말완제품재고액	25,100[2]	62,400[1]
Ⅲ. 매출총이익		
Ⅳ. 판매비와관리비		
일반관리비	₩14,400[4]	
판 매 비	36,000[5]	50,400
Ⅴ. 당기순이익		**₩7,200**[3]

1) 매출원가=총매출액×(1-48%)

=₩120,000×52%=₩62,400

2) 기말완제품재고액=기초완제품재고액+당기제품제조원가-매출원가

=₩8,000+₩79,500-₩62,400

=₩25,100

3) 일반관리비=당기순이익×2 ……… ①

일반관리비=판매비×40% ……… ②

식 ①과 ②를 연립하면

판매비=당기순이익×5

당기순이익=₩57,600-(당기순이익×2+당기순이익×5)

=₩57,600-당기순이익×7

∴ 당기순이익=₩57,600÷8=₩7,200

4) 일반관리비=₩7,200×2=₩14,400

5) 판매비=₩7,200×5=₩36,000

[문 4] 회계적 방법에 의한 원가추정

제조원가추정방정식을 $Y=a+bX$라고 할 때

b = (₩140,000+200,000+100,000)÷4,000개=₩110/개

a = ₩150,000

따라서 **Y= 150,000 + 110X**

[문 5] 고저점법(Ⅰ)

1. 제조간접비 T_1 = ₩4,400 + 10,600 = ₩15,000

T_2 = ₩5,000 + 11,500 = ₩16,500

제조간접비가 직접노무비와 선형관계를 갖고 있으므로 제조간접비에 대한 단위당 변동비는 직접노무비 ₩1에 대한 변동비를 의미한다.

$$\therefore \text{ 제조간접비의 단위당 변동비}(v) = \frac{₩16,500 - 15,000}{₩15,000 - 12,000}$$

= ₩0.5/₩1(직접노무비)

2. 제조간접비 추정식을 $Y = F + v \cdot X$라고 할 때(F = 고정비, X = 직접노무비)

T_1기간의 수치를 대입하면

₩15,000 = F + 0.5×₩12,000

따라서 고정비(F) = ₩15,000 − 0.5×₩12,000 = **₩9,000**

3. 제조간접비의 추정식을 세분화하면 간접재료비와 간접노무비 각각의 추정식을 도출할 수 있다.

간접재료비에 대한 단위당 변동비 =	$\frac{₩5,000 - 4,400}{₩15,000 - 12,000}$	= ₩0.2/₩1(직접노무비)
간접노무비에 대한 단위당 변동비 =	$\frac{₩11,500 - 10,600}{₩15,000 - 12,000}$	= ₩0.3/₩1(직접노무비)
합 계		₩0.5

간접재료비에 대한 고정비 = ₩4,400 − 0.2×12,000 =	₩2,000
간접노무비에 대한 고정비 = ₩10,600 − 0.3×12,000 =	7,000
합 계	9,000

간접재료비 추정식 : Y = ₩2,000 + ₩0.2X

간접노무비 추정식 : Y = ₩7,000 + ₩0.3X

따라서 직접노무비가 ₩13,200일 경우

간접재료비 = ₩2,000 + 0.2×13,200 = **₩4,640**

간접노무비 = ₩7,000 + 0.3×13,200 = **₩10,960**

[문 6] 고저점법(II)

(1) 기계시간당 변동제조간접비와 월간 고정제조간접비

• 기계시간당 변동제조간접비 = $\frac{₩63,100 - ₩50,620}{9,000시간 - 5,000시간}$

= ₩3.12(전력요금+수선유지비)

• 고정제조간접비=₩50,620−₩3.12×5,000시간=₩35,020(감독자임금+수선유지비)

(2) 수선유지비에 해당하는 기계시간당 변동제조간접비와 월간고정제조간접비

• 기계시간당 변동제조간접비 중 수선유지비해당액 = ₩3.12 − $\frac{₩10,500}{5,000시간}$

= ₩1.02

• 고정제조간접비 중 수선유지비해당액=₩35,020−24,000 = ₩11,020

(3) 10월 제조간접비 중 수선유지비 추정액

• 변동제조원가(₩1.02×9,000시간)	₩9,180
• 고정제조원가	11,020
합 계	**₩20,200**

[문 7] 원가행태 분석

(1) 변동비의 단위당 원가계산

재료비의 단위당 원가 : ₩120,000÷1,000개 = ₩120

인건비의 단위당 원가 : ₩400,000÷1,000개 = ₩400

(2) 준변동비(혼합비)의 원가방정식(고저점법)

수도광열비의 단위당 원가 : (₩450,000−₩250,000) ÷ (2,000−1,000) = ₩200

수도광열비의 원가방정식 : y=50,000+200x

(3) 고정비 : 임차료 ₩1,000,000

1,700개 판매시 총비용=[(120+400)×1,700개]+[50,000+200×1,700개]+1,000,000

=₩884,000+50,000+340,000+1,000,000=**₩2,274,000**

혹은, 총원가방정식으로 구하는 방법

(₩2,490,000−₩1,770,000) ÷ (2,000−1,000)=₩720

1,770,000=a+720×1,000

a=1,050,000

y=1,050,000+720x

1,700개 판매시 총비용=1,050,000+720×1,700=**₩2,274,000**

[문 8] 원가추정

1. 산포도

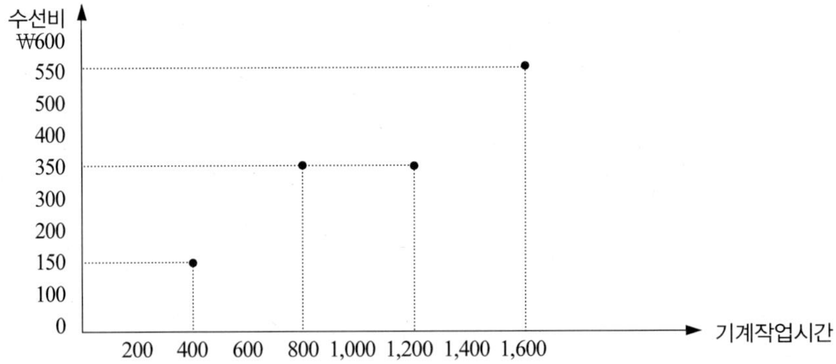

2. 수선비 추정방정식은 $Y=F+v\cdot X$라고 할 때

$$\text{기계작업시간당 변동수선비(v)} = \frac{₩550-₩150}{1{,}600\text{시간}-400\text{시간}} = \frac{1}{3}$$

$$= ₩0.33/\text{기계시간}$$

$$\text{월별 고정수선비(F)} = ₩550 - \frac{1}{3}\times 1{,}600\text{시간} = \mathbf{₩16.67}$$

[문 9] 누적평균학습모형

누적 생산량	단위당 평균 직접노동시간	총 직접노동시간
2채	300시간	600시간
4채	240시간	960시간
8채	192시간	1,536시간

∴ 1,536 − 600 = **936시간**

[문10] 누적평균학습모형(로트별 생산)

(1) 40단위를 생산하는 경우 필요노동시간

누적생산량	5단위당 누적평균시간	누적총노동시간
5	1,000	1,000시간
10	1,000×0.9* = 900	
20	900×0.9 = 810	
40	810×0.9 = 729	5,832시간

* 학습률 : 1,170시간 ÷ 1,300시간 = 90%

(2) 35단위 추가 생산시 변동제조원가

직접재료원가	₩2,000,000 × 35 =	₩70,000,000
직접노무원가	(5,832시간 − 1,000시간) × ₩30,000 =	144,960,000
변동제조간접원가	(5,832시간 − 1,000시간) × ₩5,000 =	24,160,000
		₩239,120,000

(3) 단위당 평균 변동제조원가 : ₩239,1200,000 ÷ 35단위 = **₩6,832,000**

[문11] 학습곡선 : 입찰가격

방정식법 : 93%의 학습률은 b값이 0.1047임을 의미한다. 따라서

$y = aX^{-b}$

$= ₩20,000 \times 8^{-0.1047}$

$= ₩16,087$

∴ 8단위 생산에 소요되는 직접노무비(DL)는 ₩16,087×8 = ₩128,696

∴ 7단위 생산에 소요되는 직접노무비(DL)는 ₩128,696 − ₩20,000 = ₩108,696

7단위 생산에 소요되는 직접재료비(DM)는 ₩30,000×7 = ₩210,000

합 계(DM + DL) = **₩318,696**

[문12] 누적평균시간모형 대 증분시간모형

1. 증분단위시간 학습모형

(1) 누적생산량(x)	(2) 단위당 증분시간(m)	(3) = Σ(z) 총누적시간	(4) = (3)÷(1) 단위당 누적평균시간
1	2,500	2,500	2,500
2	2,250 (2,500×0.9)	4,750	2,375
3	2,115.5 (2,500×0.8462)	6,865.5	2,288.5
4	2,025 (2,250×0.9)	8,890.5	2,222.625

2. 누적평균시간 학습모형

(1) 누적생산량(x)	(2) 단위당 누적평균시간(y)	(3) = (1)×(2) 총누적시간	(4) 단위당 증분시간
5	2,219.25 (2,500×0.8877)	11,096.25	−
6	2,189.5 (2,500×0.8758)	13,137	2,040.75
7	2,164.75 (2,500×0.8659)	15,138.25	2,016.25
8	2,143.5 (2,500×0.8574)	17,148	1,994.75

3. 2번째 단위부터 4번째 단위까지 생산하는 데 소요되는 총시간은 6,390.5시간(= 8,890.5 − 2,500)이다.

• 직 접 재 료 비(₩750,000/단위×3대)	₩2,250,000
• 직 접 노 무 비(₩1,500/시간×6,390.5시간)	9,585,750
• 변동제조간접비(₩500/시간×6,390.5시간)	**3,195,250**
계	₩15,031,000

4. 6번째 단위와 8번째 단위를 생산하는 데 소요되는 총시간은 4,035.5시간(=2,040.75 +1,994.75)이다.

• 직 접 재 료 비(₩750,000/단위×2대)	₩1,500,000
• 직 접 노 무 비(₩1,500/시간×4,035.5시간)	6,053,250
• 변동제조간접비(₩500/시간×4,035.5시간)	**2,017,750**
계	₩9,571,000

[문13] 재고등식

		사례			
		1	2	3	4
①	직 접 재 료 비	₩4,500	₩6,000	₩5,000	₩3,000
②	직 접 노 무 비	**9,000**	3,000	7,000	4,000
③	제 조 간 접 비	5,000	4,000	**8,000**	9,000
④=①+②+③	총 제 조 원 가	18,500	**13,000**	20,000	**16,000**
⑤	기 초 재 공 품	2,500	**2,000**	3,000	**4,500**
⑥	기 말 재 공 품	**3,000**	1,000	4,000	3,000
⑦=④+⑤-⑥	제 품 제 조 원 가	18,000	14,000	**19,000**	17,500
(1)	매 출 액	₩30,000	₩21,000	₩36,000	₩40,000
(2)	기초완제품재고	1,000	2,500	**3,500**	2,000
(3)=⑦+(2)	제품판매가능액	**19,000**	**16,500**	**22,500**	**19,500**
(4)	기말완제품재고	**2,000**	1,500	4,000	3,500
(5)=(3)-(4)	매 출 원 가	17,000	**15,000**	18,500	**16,000**
(6)=(1)-(5)	매 출 총 이 익	13,000	**6,000**	17,500	**24,000**
(7)	운 영 비	**9,000**	3,500	**12,500**	**15,000**
(8)=(6)-(7)	당 기 순 이 익	₩4,000	**₩2,500**	₩5,000	₩9,000

04 개별원가계산

단답식 개념문제

01. 작업　02. 작업별　03. 정상　04. 예산, 조업도

[문 1] 제품원가계산의 목적은 크게 ① 재무제표작성 목적의 매출원가산정 및 재고자산평가, ② 가격결정, ③ 성과평가, ④ 원가관리 등으로 구분할 수 있다.

[문 2] 개별원가계산과 종합원가계산이다.

[문 3] ① 개별작업 수행에 소요되는 원가를 파악하는 것과 ② 부서의 원가관리에 유용한 자료를 얻기 위해서이다.

[문 4] 개별원가계산은 특정고객으로부터 개별적으로 주문받은 작업이행에 소요되는 모든 원가를 집계하는 원가계산방식을 의미한다. 대표적인 적용산업은 영화제작, 항공기 제작, 건설업, 조선업 등을 꼽을 수 있다.

[문 5] 특정 과업수행에 소요된 재료원가를 특정부문과 개별원가계산표에 부과하기 위한 ①재료청구서 그리고 부문이나 개별과업에 활용한 인력의 소비를 파악하여 노무비 형태로 부과하기 위한 ②작업시간표이다.

[문 6] 개별원가계산의 경우 각 작업별로 직접 부과하기 힘든 간접비를 각 작업(즉, 제조지시서)별로 집계하는 것이 핵심인데 제조간접비 배부기준은 제조간접비를 체계적으로 여러 작업에 배분하기 위해 이용되는 공통기준으로 이들 배분기준이 어떻게 정해지는가에 따라 최종원가는 달라진다. 요컨대, 제조간접비 배부기준은 체계적으로 제조간접비를 제품, 프로젝트 및 고객과 같은 다양한 원가대상과 연결짓는 역할을 수행한다.

[문 7] 작업현장에 제조활동의 개시를 명함과 동시에 제조활동이 효율적으로 이루어지도록 통제목적으로 활용된다.

[문 8] 제조간접비의 과소 또는 과대배부의 이유는 다음 두 가지로 대별할 수 있다.
(a) 분자이유 : 실제제조간접비가 예산제조간접비와 일치하지 않는 경우
(b) 분모이유 : 배부기준으로 사용된 기준조업도(즉, 예산생산량)가 실제 생산량과 일치하지 않음

[문 9] 기말에 과소·과대 배부된 제조간접비를 실제원가와 일치하도록 조정하기 위한 방법은 다음 세 가지가 있다. ① 재공품, 완성품, 매출원가의 기말잔액에 포함되어 있는 간접제조비 배부액의 상대비율대로 배부(일명, 원가요소비례법), ② 재공품, 완성품, 매출원가의 기말잔액 비율대로 배부(총원가비례법 또는 안분법), ③ 연말에 매출원가계정을 이용하여 조정(일명, 매출원가조정법)

[문10] 환자나 의뢰인에게 제공한 서비스 수행에 소요된 원가를 집계하는 개별원가계산이 적합하다.

[문11] ① 직접노동시간, ② 직접노무비, ③ 생산량, ④ 기계시간, ⑤ 직접재료비이다.
참고로 이 순서는 5개 나라의 평균적 사용도에 바탕을 둔 것임.

[문12] 보조부문이란 기업내 다른 부문에 서비스를 제공하는 부문을 말하는데 일명 서비스 부문이라고도 한다.

연습문제

객관식

[문 1] ③
개별원가계산은 조선업, 기계제작업 등과 같이 수요자의 주문에 기초하여 수요자의 요구에 따라 개별적으로 제품을 생산하는 업종에서 주로 사용하고 있다.

[문 2] ④
개별원가계산은 생산형태에 따른 원가계산방법이고, 변동원가계산은 원가의 범위에 따른 원가계산 방법이므로 두 원가계산방법은 양립가능한 방법이다.

[문 3] ①
당기제품제조원가에 대한 의의를 묻는 문제로 ② 당기에 투입된 모든 작업의 원가는 총제조원가를 의미한다.

[문 4] ②
직접노무비
- 레몬티 : ₩450,000 + 180,000 − 220,000 = ₩410,000
- 홍 차 : ₩670,000 + 120,000 − 200,000 = ₩590,000

$$\text{제조간접비배부율} = \frac{₩200,000}{₩410,000 + ₩590,000} = 20\%$$

레몬티의 제조원가 :
₩550,000(직접재료비) + 410,000(직접노무비) + 410,000 × 20%
= ₩1,042,000

[문 5] ① 제조간접원가 배부율은 직접노무원가의 400%(₩4,000 ÷ ₩1,000)이다.

(1) 당기제품제조원가(#1+#2) : ₩8,950 + ₩3,750 = ₩12,700

#1 : ₩450(기초재공품) + ₩6,000(DM) + ₩500(DL) + ₩500 × 4(OH) = ₩8,950

#2 : ₩2,500(DM) + ₩1,000 ÷ 4(DL) + ₩1,000(OH) = ₩3,750

(2) 기말재공품(#3)

DM(₩10,000 − ₩6,000 − ₩2,500) + DL(₩1,000 − ₩500 − ₩250) + OH(₩250 × 4)
= ₩2,750

	#1	#2	#3	합 계
기 초 금 액	₩450			₩4,000
직접재료원가	6,000	₩2,500	(1,500)	10,000
직접노무원가	500	(250)	(250)	1,000
제조간접원가	(2,000)	1,000	(1,000)	4,000
합 계	₩8,950	₩3,750	₩2,750	₩19,000

당기총제조원가 ₩15,000

당기제품제조원가 ₩12,700　　기말재공품

[문 6] ①

제조간접비 예정배부율 = ₩600,000 ÷ 30,000시간 = ₩20/시간

[문 7] ③

5월말 기말재공품재고액은 미완성인 #112의 원가임.
#112원가 = ₩30,000 + 22,000 + (20 × 600시간) = ₩64,000

[문 8] ④

제조간접비 예정배부율 = ₩5,000,000 ÷ 예산노동시간
제조간접비배부액 = 실제제조간접비 − 과소배부액 = ₩4,800,000 − 400,000
= ₩4,400,000
₩4,400,000 = 실제노동시간(22,000시간) × 예정배부율
예정배부율 = ₩200/시간
₩200/시간 = ₩5,000,000 ÷ 예산노동시간
예산노동시간 = 25,000시간

[문 9] ④

기초재공품재고액 + 당기투입제조원가(실제액)
= 당기완성품원가(배부액 + 조정액) + 기말재공품재고액

(1) 기말재공품재고액 = ₩1,200 + 1,500 + (1,500 ÷ 0.6) = ₩5,200

(2) 당기완성품원가 = 매출원가 + 기말제품재고액 − 기초제품재고액
= ₩49,400 + 8,000 − 5,000 = ₩52,400
∴ ₩5,600 + 24,000 + 16,000 + 실제제조간접비 = ₩52,400 + 5,200
실제제조간접비 = ₩12,000

[문10] ②

예산총제조간접원가 = ₩500,000 + ₩300 × 2,500기계시간 = ₩1,250,000
제조간접비 예정배부율 = ₩1,250,000 ÷ 2,500기계시간 = ₩500/시간
제조간접비 배부액 = ₩500/시간 × 2,000기계시간 = ₩1,000,000
실제제조간접비는 ₩1,100,000이므로 배부차이는 ₩100,000과소배부이다.
판매된 #2의 원가(매출원가) = ₩150,000 + 150,000 + (500 × 600시간)
= ₩600,000
∴ 배부차이조정 후 매출원가 = ₩600,000 + 100,000 = ₩700,000

[문11] ②

(1) 보조부문원가 배부
보조부문인 수선부문과 동력부문이 배분할 총원가를 각각 A, B라고 하면
A(수선부문) = ₩300,000 + 0.4B
B(동력부문) = ₩200,000 + 0.5A
이 연립방정식을 풀면, A = ₩475,000, B = ₩437,500이다.

배분원가	보조부문		가공부문		합 계
	수선부문	동력부문	도색부문	조립부문	
배 분 전 원 가	₩300,000	₩200,000			₩500,000
수 선 부 문 원 가 *1	(475,000)	237,500	₩142,500	₩95,000	0
동 력 부 문 원 가 *2	175,000	(₩437,500)	87,500	175,000	0
배 분 후 원 가	₩0	₩0	₩230,000	₩270,000	₩500,000

*1. 동력부문 : 도색부문 : 조립부문 = 75시간 : 45시간 : 30시간
2. 수선부문 : 도색부문 : 조립부문 = 200kw : 100kw : 200kw

(2) 제품 B에 배부되는 보조부문원가

$$₩230,000 \times \frac{13회}{23회} + ₩270,000 \times \frac{100시간}{300시간} = ₩220,000$$

[문12] ④

(1) 직접원가기준 배부 = A : B = 5 : 4
보조부문원가 = ₩3,000,000 + 6,000,000 = ₩9,000,000
A부문 배부액 = ₩5,000,000
B부문 배부액 = ₩4,000,000

(2) 단계배부법

	D부문	A부문	B부문
C부문 ₩3,000,000	10% ₩300,000	40% ₩1,200,000	50% ₩1,500,000
D부문 ₩6,300,000 (=6,000,000+300,000)		2,100,000	4,200,000
합계		3,300,000	5,700,000

따라서 A부문 배부액 차이=₩5,000,000−3,300,000=₩1,700,000

주관식

[문 1] 개별원가계산(Ⅰ)

(1) #201에서 발생한 직접노무비(DL)

$$DL \times 120\% = ₩1,058,400,\ \text{그러므로 직접노무비} = \frac{₩1,058,400}{1.2} = \mathbf{₩882,000}$$

(2) #301의 총원가

• 직접재료비	₩294,000
• 직접노무비	735,000
• 제조간접비(₩735,000×120%)	882,000
총원가	**₩1,911,000**

[문 2] 개별원가계산 : 예정배부

(1) 제조간접원가 배부액 : ₩787,500+₩37,500=₩825,000

(2) 제조간접원가 예산액 : ₩825,000 ÷ 1.1=₩750,000

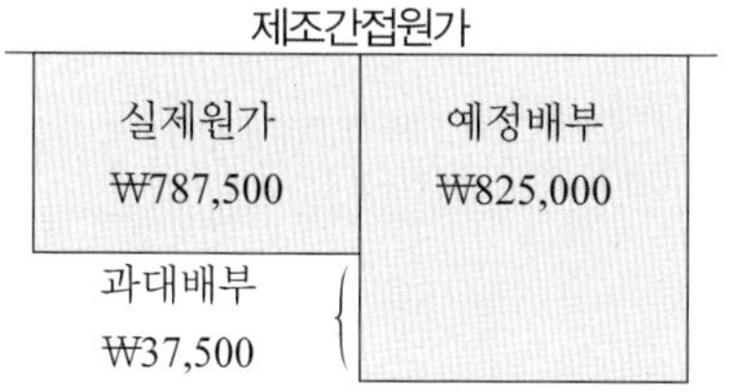

$$\text{예정배부액} = \frac{\text{제조간접원가예산}}{\text{예정조업도}} \times \text{실제조업도} = \text{제조간접원가예산} \times \frac{\text{실제조업도}}{\text{예정조업도}}$$

$$\underset{\text{예정배부액}}{₩825,000} = \underset{\text{제조간접원가예산}}{\boxed{x}} \times 1.1$$

$\therefore\ x =$ **₩750,000**

[문 3] 단순개별원가계산(II)

1. 2월중에 완성된 것은 지난번 재공품으로 있던 Q와 2월중에 새로이 제조가 시작된 후에 완성된 R과 S제품이다. 따라서 완성품 제조원가는 기초재공품+당기투입－기말재공품에 따라 계산되는 데 핵심은 기말재공품의 계산이다. 즉, 기말재공품원가는 ₩2,800+₩1,800+₩1,800×150% = ₩7,300이다.

   완성품제조원가=[₩9,000+₩26,000+₩20,000+(₩20,000×150%)]－₩7,300
   = **₩77,700**

2. 제조간접비 예정배부액 : ₩20,000×150% = ₩30,000
   과소배부액 : ₩32,000－₩30,000 = **₩2,000**

[문 4] 예정배부율 및 배부액 계산

1. 기계시간
2. $OH = a + bx$
   $= ₩5,500 + 6x$ (x : 기계시간)

   제조간접비 예정배부율은 $\frac{₩29,500}{4,000}$ = ₩7.375/기계시간

   따라서 4,200시간에서의 예정배부액=₩7.375×4,200= **₩30,975**

[문 5] 개별원가계산 : 제조간접비의 예정배부

1. 예정배부율 $=\frac{\text{제조간접비예산액}}{\text{기준조업도}}$ 이므로 각 부문의 제조간접비 예정배부율은 다음과 같다.

   A부문 제조간접비 예정배부율 = $\frac{₩288,000}{₩256,000}$ = **₩1.125/직접노무비**

   B부문 제조간접비 예정배부율 = $\frac{₩300,000}{40,000\text{기계시간}}$ = **₩7.5/기계시간**

2.

	배부기준	×	예정배부율	=	제조간접비배부액
A부문 :	₩64		₩1.125		₩72
B부문 :	26기계시간		₩7.5		195
합 계					**₩267**

3.

구 분	A부문	B부문	합 계
재료청구액	₩40	₩80	₩120
직접노무비	64	42	106
제조간접비	72	195	267
	₩176	₩317	₩493

제품단위당 원가 = $\frac{₩493}{20단위}$ = **₩24.65**

4.

구 분	A부문		B부문		전 체	
제조간접비배부액	₩256,000×₩1.125 =	₩288,000	40,000시간×₩7.5 =	₩300,000		₩588,000
실제제조간접비		320,000		276,000		596,000
	과소배부	**₩32,000**	과대배부	**24,000**	과소배부	**8,000**

5. 제조간접비를 예정배부하는 이유
   실제원가계산은 정확성 및 신뢰성이라는 장점을 갖는 반면에, 원가정보의 지연이라는 문제점과 계절적 수요변동에 기인한 단위당 고정제조간접비의 변동성이라는 두 가지 단점을 갖는다. 이러한 단점을 보완하기 위하여 대두된 것이 정상원가방식이다. 이는 직접재료비와 직접노무비는 실제원가를 이용하지만 제조간접비는 사전에 정한 제조간접비 예정배부율을 이용하여 파악한 수치를 이용하여 제품원가를 산정한다. 이로써 원가정보의 지연과 단위당 고정제조간접비의 변동성문제를 해결할 수 있다.
6. 제조간접비 배부차이가 차변에 나타나는 경우 이것이 의미하는 바는 부족배부액을 의미한다. 즉, 배부액이 실제발생액보다 적은 경우를 의미한다.

[문 6] 상호배부법

1. S_1 = ₩180,000 + $0.3S_2$ ·· (1)
   S_2 = ₩200,000 + $0.2S_1$ ·· (2)
   두 식을 연립하여 풀면 S_1 = ₩255,319, S_2 = ₩251,064

	보조부문		생산부문		합 계
	S_1	S_2	A	B	
배분 전 변동비	₩180,000	₩200,000			₩380,000
		(20%)	(40%)	(40%)	
S_1부문의 배분	(255,319)	51,064	102,128	102,127	0
	(30%)		(30%)	(40%)	
S_2부문의 배분	75,319	(251,064)	75,319	100,426	0
배분 후	0	0	₩177,447	₩202,553	₩380,000

생산부문의 A에 배부된 보조부문의 변동비 = ₩255,319×0.4 + ₩251,064×0.3
= **₩177,447**

2.

• S_2부문에서 직접 생산부문에 제공되는 서비스단위 : 20,000×70% =	14,000단위
• S_1부문을 거쳐 생산부문에 제공되는 서비스단위 : 20,000×30%×80% =	4,800
외부구입하여야 하는 S_2 서비스단위	18,800단위

또는

• 현재의 S_2부문의 서비스 생산량 :	20,000단위
• 궁극적으로 S_2부문을 위한 서비스 : 20,000×30%×20% =	(1,200)
	18,800단위

[문 7] 보조부문원가의 제조부문에의 배부

1. 직접배부법

	제조부문 A	제조부문 B	합 계
보조부문원가의 배분			
용 수(W)	₩5,000*	₩5,000	(₩10,000)
보일러(H)	12,000**	18,000	(30,000)
전 력(E)	7,500***	7,500	(15,000)
배분액 합계	₩24,500	₩30,500	₩55,000

* ₩10,000×2/4, ** ₩30,000×2/5, *** ₩15,000×4/8

2. 단계배부법

	보일러(H)	전 력(E)	제조 A	제조 B	
보조부문원가의 배분					
용 수(W)	₩6,000*		₩2,000	₩2,000	(₩10,000)
보 일 러(H)		₩18,000**	7,200	10,800	(₩36,000)
전 력(E)			16,500***	16,500	(₩33,000)
배분액 합계			₩25,700	₩29,300	

* ₩10,000×6/10

** ₩36,000(= ₩30,000 + ₩6,000)×5/10

*** ₩33,000(= ₩15,000 + ₩18,000)×4/8

3. 상호배부법

용수부문의 총원가를 W, 보일러부문의 총원가를 H, 전력부문의 총원가를 E라고 하면 보조부문비의 원가는 다음의 식이 성립한다.

$$W = 10{,}000 + 0.2E \quad \cdots\cdots (4A\cdot 1)$$
$$H = 30{,}000 + 0.6W \quad \cdots\cdots (4A\cdot 2)$$
$$E = 15{,}000 + 0.5H \quad \cdots\cdots (4A\cdot 3)$$

위의 식 (4A·2), (4A·3)을 식 (4A·1)에 대입하면

$$W = 10{,}000 + 0.2[15{,}000 + 0.5(30{,}000 + 0.6W)]$$
$$W = 10{,}000 + 0.2[15{,}000 + 15{,}000 + 0.3W]$$
$$W = 10{,}000 + 6{,}000 + 0.06W$$
$$\therefore\ 0.94W = 16{,}000$$

따라서 W=₩17,021, H=₩40,212, E=₩35,106이다(소숫점 이하 절사).
위의 자료를 이용하여 보조부문원가를 제조부문에 배분한 결과는 다음과 같다.

	용수(W)	보일러(H)	전력(E)	제조 A	제조 B
보조부문원가의 배분					
용 수(W)	(₩17,021)	₩10,212		₩3,404	₩3,404
보일러(H)		(40,212)	20,106	8,042	12,063
전 력(E)	7,021		(35,106)	14,042	14,042
배분액 합계	(₩10,000)	(₩30,000)	(₩15,000)	₩25,500*	₩29,500*

* 100원 단위 단수조정금액임.

참고 세 가지 방법에 따라 보조부문원가를 배부한 후의 제조부문원가를 비교하면 다음과 같다. 방법에 따라 제조부문원가는 차이 나지만 두 제조부문원가의 합은 항시 같게 마련이다.

	제조부문 A	제조부문 B	합 계
직접배부법	₩24,500	₩30,500	₩55,000
단계배부법	25,700	29,300	55,000
상호배부법	25,500	29,500	55,000

05 종합원가계산

단답식 개념문제

01. 가공비　　02. 완성품환산량　　03. 기초, 당기　　04. 전공정대체

[문 1]　정유업, 화학업, 제지업, 신발제조업, 제분업 등

[문 2]　동종 유사제품을 대량으로 반복 생산한다.

[문 3]　완성품환산량이란 특정공정에서 일정기간 동안 투입된 총원가가 전부 완성품만을 생산하는 데 사용되었더라면 완성되었을 완성품수량을 말한다. 이 수치는 일정기간 동안 특정공정에서 수행된 작업량을 측정하기 위해서 필요하다.

[문 4]　종합원가계산은 생산공정별로 원가를 파악하는 방식이고, 개별원가계산은 개별주문별로 원가를 파악하는 계산방식으로 전자는 기간개념을 중요시하는 반면에 후자는 추적가능성을 중요시한다.

[문 5]　① 1단계 : 물량흐름의 파악 및 체크, ② 2단계 : 완성품환산량의 계산, ③ 3단계 : 당기발생원가의 집계, ④ 4단계 : 완성품환산량 단위당 원가의 산정, ⑤ 5단계 : 원가배분을 통한 단위당 원가계산

[문 6]　① 선입선출법, ② 평균법, ③ 후입선출법인데 이 중 평균법이 가장 간편하다. 왜냐하면 기초재공품원가와 당기투입원가를 구분하지 않고 완성품과 기말재공품에 안분할 수 있기 때문이다.

[문 7]　가중평균법에서의 완성품환산량은 당기투입완성량뿐만 아니라 당기이전투입분(기초재공품)의 완성량을 포함하기 때문에 기초재공품의 완성도는 불필요하다.

[문 8]　공정 초기 또는 말기에 재료가 투입되는 경우에는 재공품의 진척도를 감안하여 계산할 필요가 없다.

[문 9]　먼저 투입된 것이 먼저 완성되는 생산흐름을 갖는 기업에서 매 기간별로 투입되는

제조원가가 (가령, 인플레 등으로) 상이한 경우에는 기초재공품원가를 별도로 파악하여 기초재공품의 당기완성품 원가에 부과하는 것이 바람직하다.

[문10] 당연하다. 종합원가계산은 일정기간 동안 제조공정에 투입된 원가를 완성품과 재공품에 안분하는 것을 핵심으로 삼고 있기 때문에 재공품평가의 적정성 여부에 따라 완성품원가의 적정성이 좌우된다.

[문11] 선입선출법의 주요한 장점은 경영자가 3월의 성과를 2월의 성과와 독립적으로 평가할 수 있다는 것이다. 간단히 말해서, 당기작업수행량은 선입선출법의 재고자산평가 목적뿐만 아니라 계획과 통제의 목적에도 상당히 중요한 정보가 된다.

연습문제

객관식

[문 1] ③ 기말재공품이 없을 경우에는 기초재공품원가와 당기발생 제조원가 모두가 완성품원가에 포함되어 두 방법 간에 차이가 없다. 마찬가지로 기초재공품이 없을 경우에도 당기에 투입된 원가만을 따지므로 두 방법 간에는 차이가 없다.

[문 2] ④ 작업(제품)원가집계표는 개별원가계산에서만 사용됨

[문 3] ④ (라) 계획 및 통제 목적을 위해서는 전기와 당기의 원가와 작업량을 따로 구분하는 선입선출법이 유용하다.

[문 4] ①

a. 완성품환산량 = 당기완성된 완성품환산량 + 기말재공품환산량
b. 완성품환산량 단위당 원가 = 총원가 / 완성품환산량
c. 완성품의 제조원가 = 완성품환산량 단위당 원가 × 당기완성량

[문 5] ④

- 정산공손원가의 회계처리 : 1) 완성품에만 배분 2) 완성품과 기말재공품에 배분 하는 것 중 완성품에만 배부하는 것이 완성품원가가 가장 크게 된다.
- 비정상공손원가의 회계처리 : 영업외비용으로 처리한다.

[문 6] ⑤

	평균법 가공비 완성품환산량	85,000 = 기초재공품수량 + 당기투입수량
−	선입선출법 가공비 완성품환산량	73,000 = 기초재공품수량 × 0.7 + 당기투입수량
		12,000 = 기초재공품수량 × 0.3

∴ 기초재공품수량 = 40,000단위

[문 7] ②

제조원가보고서(평균법)

	[1단계] 물량의 흐름	[2단계] 완성품환산량 재료비	가공비	
기초재공품(60%)	2,500			
당기착수	10,000			
	12,500			
당기완성	10,500	10,500	10,500	
기말재공품(40%)	2,000	2,000	800	
	12,500	12,500	11,300	
[3단계] 총원가의 요약				
기초재공품원가		₩25,000	₩10,500	₩35,500
당기발생원가		120,000	133,900	253,900
		₩145,000	₩144,400	₩289,400
[4단계] 환산량 단위당 원가				
완성품환산량		÷12,500	÷11,300	
환산량 단위당 원가		₩11.6	₩12.7788	
[5단계] 원가의 배분				
완성품원가	10,500×₩11.6 + 10,500×₩12.7788 =			**₩255,977**
기말재공품원가	2,000×₩11.6 + 800×₩12.7788 =			**33,423**
				₩289,400

제조원가보고서(선입선출법)

	[1단계] 물량의 흐름	[2단계] 완성품환산량 재료비	가공비	
기초재공품(60%)	2,500			
당기착수	10,000			
	12,500			
당기완성				
기초재공품	2,500	–	1,000	
당기착수	8,000	8,000	8,000	
기말재공품(40%)	2,000	2,000	800	
	12,500	10,000	9,800	
[3단계] 총원가의 요약				
기초재공품원가		–	–	₩35,500
당기발생원가		₩120,000	₩133,900	253,900
				₩289,400
[4단계] 환산량 단위당 원가				
완성품환산량		÷10,000	÷9,800	
환산량 단위당 원가		₩12	₩13.6633	
[5단계] 원가의 배분				
완성품원가	₩35,500 + (8,000×₩12 + 9,000×₩13.6633) =			**₩254,470**
기말재공품원가	2,000×₩12 + 800×₩13.6633 =			**34,930**
				₩289,400

[문 8] ②

- 총제조원가 = ₩100,000 + 81,000 + 60,500 = ₩241,500
- 당기완성수량 = 1,000단위 − 500단위 = 500단위
- 완성품 단위당 제조원가 = $\frac{\text{총 제조원가}}{\text{완성품환산량}}$

$$₩420 = \frac{₩241,500}{500 + 500 \times \text{기말완성도}}$$

∴ 기말재공품 완성도 = 0.15(15%)

[문 9] ③

- 공손수량 = (기초재고 + 당기착수) − (당기완성 + 기말재고)
  = (500 + 2,100) − (2,100 + 400) = 100단위
- 당기 검사(완성도 40%)를 통과한 정상품 수량
  = 당기착수완성 + 기말재고 = (2,100 − 500) + 400 = 2,000단위
- 정상공손수량 = 정상품의 2% = 2,000 × 0.02 = 40단위

[문10] ②

1공정 완성량 : 0개(기초) + 25,000개(당기착수) − 7,000개(기말) = 18,000개

1공정의 당기완성품원가(2공정의 당기전공정대체원가) : 18,000개×₩200
= ₩3,600,000

전공정원가의 환산량 단위당 원가 : (₩3,000,000 + ₩3,600,000) ÷ (12,000개 + 18,000개)
= ₩220

2공정의 완성품원가 : 20,000개×(₩220 + ₩120 + ₩180) = ₩10,400,000

주관식

[문 1] 종합원가계산 + 완성품환산량

		직접재료비	가공비
기초재공품(40%)	500	500	200
당기착수	2,000		
	2,500		
당기완성			
기초재공품	500	–	300
당기착수	1,600	1,600	1,600
기말재공품(25%)	400	400	100
	2,500	**2,000**	**2,000**

[문 2] 완성품환산량 개념

1. 평균법

		직접재료비	가공비
기초재공품	20,000kg		
당기투입	120,000		
	140,000		
당기완성	125,000	(100%) 125,000	(100%) 125,000
기말재공품	15,000	(70%) 10,500	(30%) 4,500
	140,000	**135,500**	**129,500**

2. 선입선출법

		직접재료비	가공비
기초재공품	20,000		
당기투입	120,000		
	140,000		
당기완성			
기초재공품	20,000	(20%) 4,000	(40%) 8,000
당기투입	105,000	(100%) 105,000	(100%) 105,000
기말재공품	15,000	(70%) 10,500	(30%) 4,500
	140,000	**119,500**	**117,500**

[문 3] 완성품환산량 개념

1. 평균법

	직접재료비	가공비	합 계
• 기초재공품(7월 1일)	₩6,500,000	₩18,000,000	₩24,500,000
• 당기발생원가(7월중)	42,500,000	69,000,000	111,500,000
합 계	₩49,000,000	₩87,000,000	₩136,000,000
• 완성품환산량	÷7,000	÷1,740	
• 환산량 단위당 원가	**₩7,000**	**₩50,000**	₩57,000

2. 선입선출법

	직접재료비	가공비	합 계
• 기초재공품			₩24,500,000
• 당기발생원가	₩42,500,000	₩69,000,000	111,500,000
합 계			₩136,000,000
• 완성품환산량	÷4,250	÷1,000	
• 환산량 단위당 원가	**₩10,000**	**₩69,000**	₩79,000

[문 4] 종합원가계산(Ⅰ)

1.

제조원가보고서(평균법)

	[1단계]	[2단계] 완성품환산량		
	물량의 흐름	재료비	가공비	
기초재공품(60%)	3,500			
당기착수	28,500			
	32,000			
당기완성	25,000	25,000	25,000	
기말재공품(40%)	7,000	7,000	2,800	
	32,000	32,000	27,800	
[3단계] 총원가의 요약				
기초재공품원가		₩19,000	₩13,500	₩32,500
당기발생원가		173,000	98,200	271,200
		₩192,000	₩111,700	₩303,700
[4단계] 환산량 단위당 원가				
완성품환산량		÷32,000	÷27,800	
환산량 단위당 원가		₩6	₩4.018	
[5단계] 원가의 배분				
완성품원가	25,000×₩6 + 25,000×₩4.018 =			**₩250,450**
기말재공품원가	7,000×₩6 + 2,800×₩4.018 =			**53,250**
				₩303,700

제조원가보고서(선입선출법)

	[1단계]	[2단계] 완성품환산량		
	물량의 흐름	재료비	가공비	
기초재공품(60%)	3,500			
당기착수	28,500			
	32,000			
당기완성				
기초재공품	3,500	–	1,400	
당기착수	21,500	21,500	21,500	
기말재공품(40%)	7,000	7,000	2,800	
		28,500	25,700	
[3단계] 총원가의 요약				
기초재공품원가				₩32,500
당기발생원가		₩173,000	₩98,200	271,200
				₩303,700
[4단계] 환산량 단위당 원가				
완성품환산량		÷28,500	÷25,700	
환산량 단위당 원가		₩6.0702	₩3.8210	
[5단계] 원가의 배분				
완성품원가	₩32,500 + (21,500×₩6.0702) + (22,900×₩3.821) =			**₩250,510**
기말재공품원가	7,000×₩6.0702 + 2,800×₩3.821 =			**53,190**
				₩303,700

[문 5] 종합원가계산(II)

제조원가보고서(평균법)

	[1단계] 물량의 흐름	[2단계] 완성품환산량 재료비	가공비	
기초재공품(25%)	400			
당기착수	1,600			
	2,000			
당기완성	1,000	1,000	1,000	
기말재공품(75%)	1,000	1,000	750	
	2,000	2,000	1,750	
[3단계] 총원가의 요약				
기초재공품원가		₩116,000	₩23,200	₩139,200
당기발생원가		384,000	316,000	700,000
		₩500,000	₩339,200	₩839,200
[4단계] 환산량 단위당 원가				
완성품환산량		÷2,000	÷1,750	
환산량 단위당 원가		₩250	₩193.8286	
[5단계] 원가의 배분				
완성품원가	1,000×₩250 + 1,000×₩193.8286 =			**₩443,829**
기말재공품원가	1,000×₩250 + 750×₩193.8286 =			**395,371**
				₩839,200

제조원가보고서(선입선출법)

	[1단계] 물량의 흐름	[2단계] 완성품환산량 재료비	가공비	
기초재공품(25%)	400			
당기착수	1,600			
	2,000			
당기완성				
기초재공품	400		300	
당기착수	600	600	600	
기말재공품(75%)	1,000	1,000	750	
	2,000	1,600	1,650	
[3단계] 총원가의 요약				
기초재공품원가		–	–	₩139,200
당기발생원가		₩384,000	₩316,000	700,000
				₩839,200
[4단계] 환산량 단위당 원가				
완성품환산량		÷1,600	÷1,650	
환산량 단위당 원가		₩240	₩191.5152	
[5단계] 원가의 배분				
완성품원가	139,200 + (600×₩240 + 900×₩191.5152) =			**₩455,564**
기말재공품원가	1,000×₩240 + 750×₩191.5152 =			**383,636**
				₩839,200

[문 6] 종합원가계산(Ⅲ)

제조원가보고서(평균법)

	[1단계]	[2단계] 완성품환산량		
	물량의 흐름	재료비	가공비	
기초재공품(20%)	400			
당기착수	7,600			
	8,000			
당기완성	6,800	6,800	6,800	
기말재공품(60%)	1,200	1,200	720	
	8,000	8,000	7,520	
[3단계] 총원가의 요약				
기초재공품원가		₩1,000	₩300	₩1,300
당기발생원가		26,200	22,260	48,460
		₩27,200	₩22,560	₩49,760
[4단계] 환산량 단위당 원가				
완성품환산량		÷8,000	÷7,520	
환산량 단위당 원가		₩3.4	₩3	
[5단계] 원가의 배분				
완성품원가	6,800×₩3.4+6,800×₩3=			**₩43,520**
기말재공품원가	1,200×₩3.4+720×₩3=			**6,240**
				₩49,760

제조원가보고서(선입선출법)

	[1단계]	[2단계] 완성품환산량		
	물량의 흐름	재료비	가공비	
기초재공품(20%)	400			
당기착수	7,600			
	8,000			
당기완성				
기초재공품	400		320	
당기착수	6,400	6,400	6,400	
기말재공품(60%)	1,200	1,200	720	
	8,000	7,600	7,440	
[3단계] 총원가의 요약				
기초재공품원가		–	–	₩1,300
당기발생원가		₩26,200	₩22,260	48,460
				₩49,760
[4단계] 환산량 단위당 원가				
완성품환산량		÷7,600	÷7,440	
환산량 단위당 원가		₩3.4474	₩2.9919	
[5단계] 원가의 배분				
완성품원가	1,300+(6,400×₩3.4474+6,720×₩2.9919)=			**₩43,469**
기말재공품원가	1,200×₩3.4474+720×₩2.9919=			**6,291**
				₩49,760

[문 7] 선입선출법하의 완성품원가계산(공손 포함)

(1) 공손수량의 파악

		(기초재공품)		(당기착수량)		(완성품)		(기말재공품)	
• 총공손수량	=	2,500	+	3,520	−	4,000	−	1,900	= 120단위

• 정상공손수량 = (2,500 + 1,500 + 1,000)×2% = 100단위

• 비정상공손수량 = 120 − 100 = 20단위

(2)

제조원가보고서(선입선출법)

	[1단계]	[2단계] 완성품환산량		
	물량의 흐름	재료 A	재료 B	가공비
기초재공품	2,500 (40%)			
당기착수	3,520			
	6,020			
당기완성				
기초재공품	2,500	−	2,500	1,500
당기착수	1,500	1,500	1,500	1,500
정상공손	100 (75%)	100	−	75
비정상공손	20 (75%)	20	−	15
기말재공품	900 (10%)	−	−	90
	1,000 (80%)	1,000	1,000	800
	6,020	2,620	5,000	3,980

[3단계] 총원가의 요약

기초재공품원가	−	−	−	₩677,000
당기발생원가	₩524,000	₩415,000	₩1,194,000	2,133,000
합 계				2,810,000

[4단계] 환산량 단위당 원가

완성품환산량			
환산량 단위당 원가	÷2,620	÷5,000	÷3,980
합 계	₩200	₩83	₩300

[5단계] 원가의 배분

① 1차 배분

• 완성품원가	₩677,000 + 1,500×₩200 + (2,500 + 1,500)×₩83 + (1,500 + 1,500)×₩300 =	₩2,209,000
• 정상공손원가	100×₩200 + 75×₩300 =	42,500
• 비정상공손원가	20×₩200 + 15×₩300 =	8,500
• 기말재공품원가	1,000×₩200 + 1,000×₩83 + (90 + 800)×₩300=	550,000
합 계		₩2,810,000

② 2차 배분

	2차배분 전	정상공손원가의 배분	배분 후
• 완성품원가	₩2,209,000	$₩42,500 \times \frac{4,000}{4,000+1,000} = ₩34,000$	**₩2,243,000**
• 정상공손원가	42,500	(42,500)	0
• 비정상공손원가	8,500		**8,500**
• 기말재공품원가	550,000	$₩42,500 \times \frac{1,000}{4,000+1,000} = ₩8,500$	**558,500**
합 계	₩2,810,000	0	₩2,810,000

[문 8] 공손품 원가

(1) 평균법 : 완성품환산량 단위당 가공비(x)

완성품에 포함된 가공비 ₩920,000이므로,

800개×x =₩920,000

∴ x =₩1,150/개

(2) 평균법 가공비 총완성품환산량 $= \frac{₩190,000 + ₩960,000}{₩1,150/개} = 1,000개$

FIFO 가공비 완성품환산량

800개 ┌ 기초재고 500개 × (1−y)
└ 당기착수 300개

(3) 평균법과 선입선출법(FIFO)의 환산량차이는 기초재고 완성도에 의해 달라진다.

기초재공품 가공비완성도(y): 환산량 단위당 가공비(FIFO) $= \frac{₩960,000}{1,000개 - 500개 \times y}$

완성품에 포함된 가공비(FIFO) ₩910,000이므로,

$$₩190,000 + (500개 \times (1-y) + 300개) \times \frac{₩960,000}{1,000개 - 500개 \times y} = ₩910,000$$

∴ $y = 0.4(40\%)$

환산량 단위당 가공비(FIFO) $= \frac{₩960,000}{1,000개 - 500개 \times 40\%} = ₩1,200/개$

따라서, 공손품에 포함된 가공비 = 160개 ×80% ×@1,200 = **₩153,600**

[문 9] 종합원가계산과 개별원가계산

가공비(선입선출법)

	[1단계] 물량의 흐름	[2단계] 완성품환산량 가공비	
기초재공품(80%)	200(#101)		
	200(#105)		
당기착수	100(#206)		
	150(#207)		
	650		
당기완성			
기초재공품	200(#101)	40	
당기착수	100(#206)	100	
기말재공품	200(#105) 50%	100	
	150(#207) 60%	90	
	650	330	
[3단계] 총원가의 요약			
기초재공품원가		–	₩960,000
당기발생원가		₩4,092,000	4,092,000
			5,052,000
[4단계] 환산량 단위당 원가			
완성품환산량		÷330	
환산량 단위당 원가		₩12,400	

- 완성품 가공비 원가 = ₩960,000 + ₩12,400×140단위 = ₩2,696,000
- 완성품 재료비 원가 = ₩5,200,000
  #101 = ₩1,500,000 + ₩500,000 = ₩2,000,000
  #206 = ₩3,200,000
- 4월 완성품 원가 = ₩2,696,000 + ₩5,200,000 = **₩7,896,000**

06 결합원가계산

단답식 개념문제

01. 결합제품 02. 추가가공 03. 판매가치, 생산량

[문 1] 정유산업과 축산물가공업을 들 수 있다. 정유산업은 동일한 원재료인 원유(crude oil)을 투입하여 휘발유, 등유, 경유, 중유 및 아스팔트가 생산되며, 축산물가공업(예, 돼지)의 경우 돼지를 분해하면서 삼겹살, 목살, 등심, 갈매기살 및 내장 등 제품을 생산한다.

[문 2] 결합원가는 결합제품 생산과정에서 분리점 이전에 발생한 원가이며, 결합제품에 배분되지만, 추가가공원가는 분리점 이후에 개별 제품을 추가가공하면서 발생하는 원가이므로 개별 제품별로 추적이 가능한 원가이다.

[문 3] 부산물은 주제품과 동일공정에서 생산되지만 상대적으로 낮은 판매가치를 가지는 제품을 말한다. 그러나 동일한 부산물이라도 어떤 업종에서는 부산물이 되지만 다른 업종에서는 주제품이 될 수 있기 때문에 명확한 기준이 있는 것은 아니다.

[문 4] 분리점은 결합원제품의 생산공정 중에서 두 가지 이상의 제품이 생산되어 구별되는 한 점을 말한다. 결합제품이 연속생산 공정을 거치고, 각 연속공정별로 제품별 구분이 가능한 점이 있다면, 복수의 분리점이 존재하게 된다.

[문 5] 결합원가를 개별제품에 배분하는 방법은 수량, 무게, 부피 등과 같은 물리적 측정치를 기준으로 결합원가를 배분하는 물량기준법과 생산된 결합제품의 판매가치를 기준으로 배분하는 가치기준법이 있다. 가치기준법은 다시 분리점의 판매가치기분법, 순실현가치법 및 균등이익률법으로 나누어진다.

[문 6] 물량기준법은 단순하고, 계산이 쉽지만 결합제품의 판매가치가 반영되지 않고, 생산량이 더 많은 제품에 결합원가를 배분하므로 원가의 왜곡이 발생할 수 있는 단점을 가지고 있다.

[문 7] 분리점에서의 판매가치기준법은 각 결합제품별로 판매시장이 존재하고, 어느 한 기업이 시장의 수요와 공급에 영향을 미칠 수 없다는 가정에서 사용할 수 있는 방법이다. 그러나 현실적으로 각 결합제품의 판매시장이 존재하지 않는 경우가 많다. 이러한 경우 판매가치기준법의 보완으로 순실현가치기준법(NRV)을 사용하여 결합원가를 배분한다.

[문 8] 분리점 이후 추가가공 후 판매가치에서 추가가공원가(separable cost)를 차감한 가치, 즉 순실현가치를 기준으로 결합원가를 배분하는 방법이다. 순실현가치법은 분리점에서 결합제품의 판매시장이 존재하지 않더라도 사용할 수 있는 방법이다.

[문 9] 균등이익률법은 결합제품의 판매가치는 추가가공과 밀접한 관계가 있고, 각각의 제품은 모두 동일한 이익률을 실현한다는 가정하에 결합원가를 배분하기 때문이다. 동일공정에 생산된 제품전체의 매출총이익률을 구한 후 각 제품별로 동일한 매출이익률이 되도록 먼저 매출총이익을 배분한 다음에 결합원가를 배분하여 각 결합제품의 총원가를 결정한다.

[문10] 생산기준법과 판매기준법이 있다. 생산기준법은 부산물의 순실현가치를 분리점에서 인식하는 방법인 반면 판매기준법은 부산물의 가치를 부산물이 판매가 이루어지는 시점에 인식하는 방법이다.

[문11] 결합제품의 추가가공여부 의사결정에서 결합원가는 고려되지 않는다. 기 발생하고, 결합제품에 이미 배분된 결합원가는 미래 의사결정과 무관한 매몰원가이기 때문이다. 결합제품의 추가가공여부 의사결정과 관련된 요소는 분리점에서의 판매가격, 추가가공원가 및 추가 가공후의 판매가격 3가지이다.

[문12] 작업폐기물의 처분비용은 처분비용 발생기간의 비용(기타비용)으로 인식하거나 작업폐기물의 처분비용을 결합원가에 가산한 후 각 결합제품에 재배분하여 처분비용을 조정할 수 있다. 후자의 경우 폐기물의 처분비용도 결합제품과 관련이 있다고 보기 때문이다.

[문13] 작업별원가계산은 개별원가계산과 종합원가계산 방식을 절충한 방식으로 생산된 제품에 고객의 요구를 반영한 추가작업(operation)으로 발생한 작업별 원가를 제품에 배분하지만 결합원가계산은 동일한 공정에서 생산된 결합제품에 분리점 이전에 발생한 결합원가를 결합제품에 배분하는 점이 다르다.

연습문제

객관식

[문 1] ②

균등이익률법하의 결합원가배분액=매출원가-추가가공비이다.
따라서 조건이 같다면 추가가공비가 높은 제품에 더 적은 결합원가가 배분된다.

[문 2] ③

이론상 가장 옳은 방법은 생산기준법(원가차감법)이다.

[문 3] ④

분리점에서 판매가치, 배분비율, 결합원가의 배분결과는 아래와 같다.

제품	분리점의 판매가치	배분%	배분금액
X	20,000 ℓ × ₩15,000 = ₩300,000,000	50%	₩140,000,000
Y	16,000 ℓ × 12,000 = 192,000,000	32%	89,600,000
Z	12,000 ℓ × 9,000 = 108,000,000	18%	50,400,000
계	₩600,000,000		₩280,000,000

[문 4] ⑤

아래와 같이 2단계로 나누어 산출한다.

1. 종합원가계산/평균법에 의한 결합공정의 완성품원가: ₩96,000
   산출근거 : DM 환산량 단위당 원가=₩72,000/(8,000kg+1,000kg)=@8.0
   가공비 환산량 단위당 원가=₩33,600/(8,000kg+1,000kg×0.4)=@4.0
   ∴결합공정 완성품원가=8,000kg×@12.0=₩96,000
2. 위의 자료를 가지고 NRV법에 의한 결합원가배분은 다음과 같다.

제품	NRV	배분%	배분금액
A	4,000개 × ₩50 - ₩20,000 = ₩180,000	60%	₩57,600
B	2,000개 × ₩80 - ₩40,000 = 120,000	40%	38,400
계	₩300,000	100%	₩96,000

[문 5] ②

B의 총제조원가 ₩6,000=결합원가배분액+추가가공원가(3,000)
B의 결합원가배분액=₩6,000-3,000=₩3,000
A의 결합원가배분액=총결합원가-B의 결합원가배분액
= ₩15,000-3,000=₩12,000
결합원가배분비율=A : B = 12,000 : 3,000=4 : 1
A의 순실현가치가 B의 순실현가치의 4배임.
B의 순실현가치=B의 매출액-B의 추가가공원가
B의 매출원가율=1-매출총이익률=1-0.2=0.8
B의 매출액=B의 총제조원가 ÷ B의 매출원가율=₩6,000÷0.8=₩7,500

B의 순실현가치 = ₩7,500 − 3,000 = ₩4,500
따라서 A의 순실현가치 = ₩4,500 × 4 = ₩18,000
A의 매출총이익률 = 1 − 매출원가률
= 1 − {(12,000 + 7,000) ÷ (18,000 + 7,000)} = 0.24

[문 6] ①

배분전 결합원가를 구하는 문제이다. 먼저 C제품의 매출총이익률을 구한다.

$$\text{C제품의 매출총이익률} = \frac{\text{매출액} - \text{매출원가}}{\text{매출액}}$$

$$= \frac{₩400,000 - ₩120,000 - ₩200,000}{₩400,000}$$

$$= 0.2(20\%)$$

배분전 결합원가를 X라고 하면

$$\text{회사 전체의 매출총이익률은 } 20\% = \frac{\text{매출액} - \text{매출원가}(=X + \text{추가가공원가})}{\text{매출액}}$$

$$= \frac{₩1,000,000 - X - ₩200,000}{₩1,000,000}$$

$\therefore$ X = ₩600,000

[문 7] ③

부산품은 판매시점에 잡이익으로 처리하므로 없는 것으로 무시하면 된다.

제품	분리점에서의 판매가치	배분비율	결합원가
A	₩290,000	65.9% $(=\frac{290}{440})$	₩174,000
B	150,000	34.1% $(=\frac{150}{440})$	90,000
합 계	₩440,000	100%	₩264,000

[문 8] ③

제품	생산량×가격 (−추가가공비, 판매비)	순실현가치	결합원가배분액
제품 A	100×₩10 =	₩1,000	₩500
제품 B	200×₩10 =	2,000	1,000
제품 C	200×₩10 − ₩1,000 =	1,000	500
부산물 X	50×(₩3 − ₩1) =	100	100

• 제품C 제품원가 = 결합원가배분액 + 추가가공비
= ₩500 + ₩1,000 = ₩1,500

판매 50ℓ : 기말재고 150ℓ = 1:3

$\therefore$ 제품C의 기말재고액 = ₩1,500 × $\frac{3}{4}$ = ₩1,125

[문 9] ④

작업별 원가계산을 묻고 있다.

		작업 갑	작업 을
A	9,000개	✓	✓
B	4,000개	✓	✓
C	6,000개	✓	
		19,000개	13,000개

재료비 환산량 단위당 원가=₩1,320,000/4,000개=@330

가공비 환산량 단위당 원가

　작업 갑=(₩500,000+70,000)/(9,000+4,000+6,000)=@30

　작업 을=(₩1,000,000+300,000)/(9,000+4,000)=@100

B제품의 단위당 제조원가=@330+@30+@100=**@460**

주관식

[문 1] 물량기준법에 의한 결합원가의 배분

1. 물량기준법의 배분비율 및 배분된 결합원가는 다음과 같다.

제품	생산량	비율	배분될 원가
제품 X	6,000	1/2	**₩30,000**
제품 Y	4,000	1/3	**20,000**
제품 Z	2,000	1/6	**10,000**
합계	12,000	1.00	₩60,000

2. 판매가치기준법에 의한 배부비율 및 결합원가는 다음과 같다.

제품	판매가치	비율	배분될 원가
제품 X	₩40,000	0.40	**₩24,000**
제품 Y	35,000	0.35	**21,000**
제품 Z	25,000	0.25	**15,000**
합계	₩100,000	1.00	₩60,000

[문 2] 물량기준법+판매가치기준법에 의한 결합원가 배부

1. 배분될 결합원가는 $10,000,000(=원유+DL+OH),
   Six-oil의 배분비율은 12/33 (=240,000/(300,000+240,000+120,000)이므로
   Six-oil에 배분될 결합원가는 **$3,636,364**이다.
2. 생산시점의 판매가치와 배분비율은 다음과 같다.

Two-oil	(300,000배럴 × $20)	$6,000,000	0.40
Six-oil	(240,000배럴 × $30)	7,200,000	0.48

Distillates	(120,000배럴 × $15)	1,800,000	0.12
합계		$15,000,000	1.00

∴Two－oil에 배분될 결합원가는 $**4,000,000**(＝$10,000,000×0.40)이다.

[문 3] 종합원가계산과 결합원가계산

(1) 완성품원가(결합원가) 계산

	완성품환산량	
	재료비	가공비
완성 700톤(300＋400)	700	700
기말 100톤(40%)	100	40
	800톤	740톤
총원가	₩8,000	₩2,220
환산량단위당원가	@10	@3

따라서, 완성품원가(결합원가)＝700톤×10＋700톤×3＝₩9,100

(2) 결합원가 배분: 순실현가치법

연산품 A의 순실현가치＝300톤×(₩100－₩60)＝₩12,000

연산품 B의 순실현가치＝400톤×(₩50－0)＝₩20,000

연산품 A의 결합원가배분액＝₩9,100× $\frac{₩12,000}{₩12,000＋₩20,000}$ ＝₩3,412.5

(3) 연산품 A의 영업이익

연산품 A의 순실현가치－결합원가배분액＝₩12,000－₩3,412.5＝₩8,587.5

단위당 영업이익＝₩8,587.5÷300톤＝**₩28.625**

[문 4] 판매가치기준법: 결합원가의 역산

제품	최종판매가치	추가비용	순실현가치	비율	결합원가배분
A	5,000개×@1,600	0	₩8,000,000	2/3	₩2,400,000
B	4,000개×@1,000	0	4,000,000	1/3	1,200,000
합계	₩12,000,000		₩12,000,000	1	**₩3,600,000**

총결합원가를 J라 하면 J×2/3＝₩2,400,000

따라서 총결합원가(J)＝₩2,400,000×3/2＝₩3,600,000

[문 5] 상대적 판매가치 기준

제품	분리점에서의 판매가치①	비율②	결합원가배분액 ③=①×②	분리점에서의 매출총이익 (=①−③)
제품 A	₩24,000	0.48	₩19,200	₩4,800
제품 B	16,000	0.32	12,800	3,200
제품 C	10,000	0.20	8,000	2,000
합계	₩50,000	1.00	₩40,000	

제품	추가가공비④	추가가공후 판매가치⑤	추가가공후 매출총이익 (=⑤−③−④)
제품 A	₩6,300	₩30,000	₩4,500
제품 B	8,000	26,000	5,200
제품 C	3,600	12,000	1,200

· 분리점에서의 매출총이익과 추가가공후 매출총이익을 비교하여 추가가공여부를 결정한다. 제품 A와 C는 분리점에서, 제품 B는 추가가공후 판매하는 것이 가장 이익이 크다.
  따라서 최대 매출총이익=₩4,800+₩5,200+₩2,000=**₩12,000**

[문 6] 생산기준법에 의한 부산물의 회계처리

부산물 B의 NRV를 N라고 하면

제품	NRV	배분%	배분금액
X	분리점에서 상대적 비율 6	6/9	₩80,000
Y	분리점에서 상대적 비율 3	3/9	?
소계		1	₩150,000 − N
B	분리점에서 상대적 비율 1		N
계			₩150,000

주산물 X의 결합원가배분액은 ₩80,000=(₩150,000 − a) × 6/9이므로
∴부산물 B의 순실현가치(NRV)=N=**₩30,000**

[문7] 복수분리점의 경우 결합원가 배분

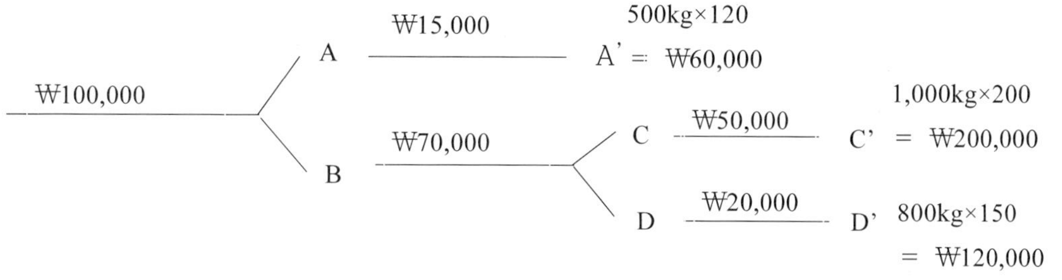

(1) 분리점에서의 순실현가치를 구하면,

A의 순실현가치 = ₩60,000 − 15,000 = ₩45,000

C의 순실현가치 = ₩200,00 − 50,000 = ₩150,000

D의 순실현가치 = ₩120,000 − 20,000 = ₩100,000

B의 순실현가치 = (C와 D의 순실현가치) − 70,000 = ₩180,000

(2) 결합원가 배분

첫 번째 분리점 결합원가 ₩100,000의 배분 비율 = A : B = 45,000 : 180,000
= 1 : 4

A의 배분액 = ₩100,000×1/5 = ₩20,000

B의 배분액 = ₩100,000×4/5 = ₩80,000

두 번째 분리점 결합원가 = ₩80,000 + 70,000 = ₩150,000

두 번째 분리점 결합원가 ₩150,000의 배분 비율 = C : D = 150,000 : 100,000
= 3 : 2

D의 배분액 = ₩150,000×2/5 = ₩60,000

따라서, 제품 D의 총제조원가 = ₩60,000 + 20,000 = **₩80,000**

[문 8] 작업별 원가계산

1. 생산공정도

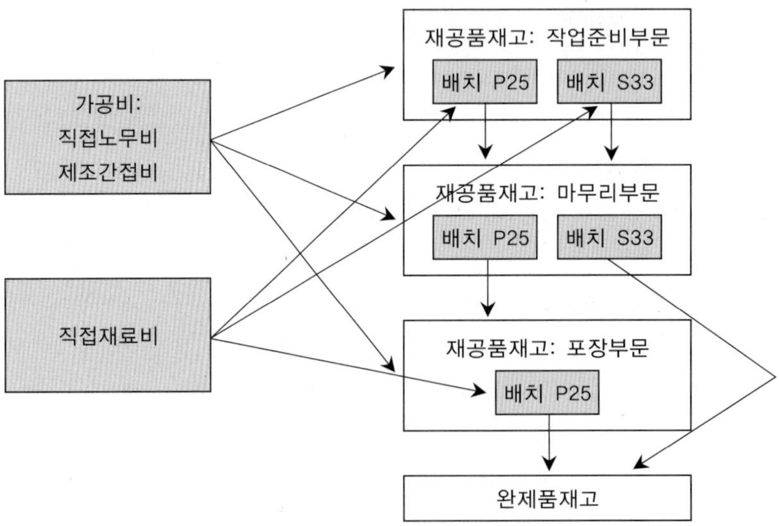

2. 농구공 단위당 원가

	프로용 농구공	일반용 농구공
• 직접재료비		
배치 P25(₩42,000,000÷2,000개)	₩21,000	–
배치 S33(₩45,000,000÷4,000개)	–	₩11,250
• 가공비		
작업준비부문	7,500	7,500
마무리부문	6,000	6,000
포장부문	500	– *
합 계	**₩35,000**	**₩24,750**

* 일반용 농구공에는 별도의 포장비가 발생하지 않음을 명심할 것.

07 ABC 활동기준원가계산

단답식 개념문제

01. 왜곡 02. 원가동인 03. 배치, 제품 04. 단위, 제품

[문 1] 원가동인이란 특정 활동원가를 구조적으로 결정짓는 요소를 말한다. 자재이동(moving)의 경우 공장배치(layout)에 문제가 있을 경우 최선의 방식에 비해 이동이 상대적으로 많을 뿐만 아니라 공정에 머물러 있는 재공품도 늘어난다. 따라서 공장배치는 이동작업이라는 활동을 유발하는 활동동인이며 동시에 이동작업 수행이 곧 인력 또는 기계와 같은 자원의 소비를 통해 원가를 발생시키는 점에서 원가동인에 해당한다.

[문 2] ABC는 기본적인 원가대상을 활동으로 삼고 활동원가를 토대로 제품이나 서비스의 원가를 계산한다. 전통적인 방법은 각종 제품이나 서비스가 다양한 활동을 상이하게 소요할 수 있다는 소위 활동의 활용상의 이질성을 고려함이 없이 단일 또는 소수의 수량중심의 배분기준을 이용하여 간접원가비를 배분한다. 이에 반해 ABC는 각 활동별로 적절한 원가동인을 배부기준으로 사용하여 간접비를 배분함으로써 인과관계에 충실한 원가계산을 행한다.

[문 3] ① 단위수준원가 : 직접재료비, 직접노무비
② 배치수준원가 : 구매주문, 작업준비
③ 제품수준원가 : 제품디자인, 설계변경, 생산일정수립
④ 시설수준원가 : 경비(보안), 건물감가상각비

[문 4] 단일 또는 소수의 수량중심의 제조간접비 배분을 특징으로 하는 전통적 방식은 제조간접비 배분의 왜곡이나 부서간 또는 기능 상호간의 관계포착 및 원가절감영역의 지적이 약하다는 단점을 갖기 때문이다.

[문 5] 제품원가를 과소 계산하는 기업은 실제로 손실을 초래하는 제품이 마치 수익성이 있는 것으로 잘못 판단하게 되어 손실제품라인을 유지하거나 거절해야 할 주문을

수락하는 잘못을 저지른다. 한편, 제품원가를 과대 계산하는 기업은 경쟁기업을 시장에 진입하도록 하거나 시장점유율을 잃는 위험에 처하게 된다.

[문 6]

전통적 접근방법	ABC 접근방법
• 원가배부기준과 간접비 집합간에는 인과관계가 결여되는 경우가 일반적임	• 다양한 활동영역별 원가집계를 강조하기 때문에 동질적 간접원가 파악이 ABC 설계상 중요한 역할을 차지함
• 간접비배부기준은 원가동인일 수도 있고 그렇지 않을 수도 있음	• 간접비배부기준은 원가동인일 가능성이 매우 높음
• 간접비배부기준은 주로 직접노무비나 직접재료비와 같은 재무적 수치임	• 간접비배부기준은 종종 제품에서 부품의 수 또는 검사시간과 같은 비재무적 측정치임

[문 7] ABC시스템 설계의 복잡성을 줄이기 위해서도 가급적 활동원가집합의 수를 줄이는 것이 바람직하다. 이 때 적용될 수 있는 것이 곧 활동원가간의 동질성 파악이다. 가급적 상과관계가 높은 활동원가들끼리는 묶어서 동일한 배분기준을 이용하여 배분하도록 함이 필요하다.

[문 8] ABC라고 결코 완벽한 것은 아니다. ABC도 결국은 원가동인을 이용하여 활동원가를 배분하여야 하며 최종원가의 정확성은 이러한 원가동인 선정의 적절성과 수치의 신뢰성에 의해 좌우되기 때문이다.

[문 9] 전통적 원가계산은 ABC에 비해 단순대량품에 제조간접비를 과대계상한다. 왜냐하면 제조간접비를 수량기준으로 배부하기 때문에 수량이 많은 대량품에 제조간접비가 많이 배부된다.

[문10] ABC가 제조업은 물론 병원, 은행 및 정부 등 다양한 조직에서 도입되어 효과를 보고 있지만, 항시 전통적 원가계산방식보다 우월하지는 않다. 제품이나 고객의 수가 상대적으로 적거나, 이미 정교한 정보시스템을 갖추어 정확한 원가정보를 산출하고 있는 경우 ABC도입 효과를 상대적으로 미비할 것이다.

[문11] 기업 경영 활동을 부가가치활동과 비부가가치활동으로 구분하여 비부가가치 활동들을 최소화하는데 초점을 맞춘 것이 ABM이다.

[문12] ① 이익발생 원천 및 구조에 대한 이해제고 : 수익동인 파악으로 제품 및 고객 수익성 분석

② 정확한 원가추정 및 사전원가계산 : 인과관계에 의한 원가함수 추정으로 표준원가 차이분석, 가격결정, 예산편성 정확성 제고

③ 원가개선 영역 및 효과 파악 : ABM

연습문제

객관식

[문 1] ①

활동기준원가계산은 발생한 원가를 활동중심점별로 집계하여 발생한 활동원가동인수로 배부하는 일종의 사후원가계산제도이다.

[문 2] ③

제품전량 검사할 경우의 검사원가는 단위수준 활동원가에 해당한다.

[문 3] ⑤

⑤의 경우 제품원가 왜곡이 상대적으로 적은 경우이다.

[문 4] ④

거의 모든 원가를 변동비로 보는 경향이 있다.

[문 5] ④

[문 6] ③

[문 7] ③

활동집합	제조간접비①	원가동인의 수		활동별 배부율 =①/(②+③)
		갑 제품②	을 제품③	
검사	₩30,000	100	400	₩60
이동	₩37,000	800	200	₩37
포장	₩91,200	800	3,000	₩24

갑제품의 총제조간접비 = 100 × ₩60 + 800 × ₩37 + 800 × ₩24 = ₩54,800
갑제품의 단위당 제조간접비 = ₩54,800/5,000개 = ₩10.96

[문 8] ③

활동	연간 원가동인 수 ①	연간 가공원가 총액 ②	활동별 배부율 =②/①
세척	300,000리터	₩900,000	₩3
압축	50,000시간	₩1,000,000	₩20
분쇄	21,000시간	₩1,050,000 − 고정비 504,000 = ₩546,000	₩26

X제품 1단위 제조간접비 = ₩3 × 20리터 + ₩20 × 30시간 + ₩26 × 10시간 = ₩920
X제품 단위당 원가 = ₩500 + 920 = ₩1,420
단위당 공헌이익 = ₩2,000 − 1,420 = ₩580

[문 9] ③

활 동	활동별 배부율	렌즈 1,000상자
기계준비작업활동	₩3,000/준비횟수	₩3,000×4=₩12,000
재료처리활동	₩1/kg	₩1×10,000=₩10,000
위험폐기물통제활동	₩5/kg	₩5×2,000=₩10,000
품질관리활동	₩75/검사	₩75×10=₩750
기타제조활동	₩10/기계시간	₩10×500=₩5,000
합 계		₩37,750

렌즈 1상자당 제조간접비=₩37,750/1,000=₩37.75

[문10] ①

단일배부율=총제조간접비 ₩645,000/총기계시간 20,000시간=₩32.25
제조간접비=₩32.25×500시간=₩16,125

[문11] ②

	화환제작(150개)	배 달(50회)	기 타
인 건 비 ₩80,000	₩40,000(50%)	₩32,000(40%)	₩8,000(10%)
기타비용 ₩50,000	27,500(55%)	7,500(15%)	15,000(30%)
합계	67,500	39,500	23,000
단위당 제조간접비	₩450	₩790	

[문12] ②

활동	단위당 배부율	제품A 단위당 원가배부액
재료처리	₩ 10	₩10×200개 =₩2,000
기계작업	120	120×10시간 = 1,200
조립작업	75	75×20시간 = 1,500
검사	100	100× 5시간 = 500
합계		₩5,200

- 매 출 액=₩50,000×50단위=₩2,500,000
- 매 출 원 가=₩2,500,000－1,500,000=₩1,000,000
- 직접재료비=₩1,000,000－₩5,200×50단위=₩740,000

∴ 단위당 직접재료비=₩740,000÷50단위=₩14,800

[문13] ①

활동	활동원가	원가동인	활동원가배부율
재료이동	₩5,000,000	이동횟수	₩5,000/회
성형	3,000,000	제품생산량	₩125/단위
도색	1,500,000	직접노동시간	₩250/시간
조립	2,000,000	기계작업시간	₩1,000/시간

₩1,050,000 = ₩5,000 × 이동횟수 + ₩125 × 2,000단위 + ₩250 × 500시간 + ₩1,000 × 200시간

∴ 이동횟수 = 95회

[문14] ⑤

제조간접비 총액 = ₩8 × 50,000 + ₩40 × 3,000
= ₩400,000 + ₩120,000
= ₩520,000

전통적 원가계산하의 간접비 배부율
= ₩10.4/기계시간(= ₩520,000 ÷ 50,000)

작업 #305 간접원가

전통적	ABC
₩156	₩200
(= ₩10.4×15시간)	(= ₩8×15 + ₩40×2)

∴ ₩44 과소배부

[문15] ②

제조간접비 총액 = ₩150 × 200 + ₩20 × 1,000
= ₩50,000

전통적 원가계산하의 간접비 배부율
= ₩100/기계시간(= ₩50,000 ÷ 500시간)

작업 #123 간접원가

전통적	ABC
₩5,000	₩6,000 + $20x$
(= ₩100×50)	(= ₩150×40 + ₩20×검사시간)

2,000 과소배부

∴ $6,000 + 20x = 7,000$

$20x = 1,000$

x = 50시간

따라서 검사시간 50시간

[문16] ②

(1) ㈜대한의 20회 주문에 대한 예상 매출액과 매출원가 :
매출액 = 20회 × ₩20,000 = ₩400,000
매출원가 = ₩400,000 × 0.75 = ₩300,000

(2) 활동별 간접원가 예상액 :
고객주문 예상액 = ₩1,200,000 × 0.2 + 800,000 × 0.4 = ₩560,000
고객관계관리 예상액 = ₩1,200,000 × 0.8 + 800,000 × 0.6 = ₩1,440,000
고객주문 원가배부율 = ₩560,000 ÷ 500회 = ₩1,120/회
고객관계관리 원가배부율 = ₩1,440,000 ÷ 50명 = ₩28,800/명

(3) ㈜대한의 간접원가 배부액 = ₩51,200 = 고객주문원가 배부액 + 고객관계관리 배부액
고객주문 원가 = ₩1,120 × 20회 = ₩22,400
고객관계관리 원가 = ₩28,800 × 1명 = ₩28,800

(4) ㈜대한의 예상이익 = 매출액 - 매출원가 - 간접원가
= ₩400,000 - 300,000 - 51,200 = ₩48,800

주관식

[문 1] 전통적 원가와 ABC

	활동의 추정치	간접비발생액	배부율
기계시간	4,000시간	₩200,000	₩50/시간
검사횟수	300회	₩120,000	₩400/회

#123 ABC 시스템의 제조간접비 = 100시간×50 + 400×X회
전통적 방법의 제조간접비 배부율 = 총간접비 ₩320,000/4,000시간 = ₩80/시간
#123 전통적 방법의 제조간접비 = 100시간×80 = 8,000원
전통적 방법의 제조간접비 - ABC제조간접비 = 1,000원
8,000 - (100시간 × 50 + 400 × X회) = 1,000 　　X = **5회**

[문 2] ABC하의 고객수익성 분석

매출액 - 매출원가(1) - 기타매출원가
= ₩500,000 - ₩400,000 - (주문처리비 + 긴급처리 추가원가 + 고객상담원가 + 고객관계관리비용)
= ₩500,000 - ₩400,000 - (300회 × ₩70 + 210회 × ₩100 + 140회 × ₩450 + ₩80,000)
= (₩85,000)

[문 3] 전통적 원가와 ABC

1. 전통적 원가계산

1단계 배분

부서 A에 배분된 총제조간접비	₩1,000,000×(4,000/20,000) = ₩200,000
부서 B에 배분된 총제조간접비	₩1,000,000×(16,000/20,000) = ₩800,000

2단계 배분

	단 위 원 가	
	Deluxe	Regular
부서 A에 배분된 제조간접비		
(₩200,000/20,000)×2 =	₩20	
(₩200,000/20,000)×2 =		₩20
부서 B에 배분된 제조간접비		
(₩800,000/10,000)×1 =	₩80	
(₩800,000/10,000)×1 =		₩80
계	₩100	₩100
단위당 제품원가		
직접재료비	₩100	₩50
직접노무비		
₩25×(2+1) =	75	
₩20×(2+1) =		60
공장 제조간접비	100	100
단위원가	**₩275**	**₩210**

2. 활동기준 원가계산(ABC)

	Deluxe	Regular
제조간접비의 배분 :		
재료의 이동		
₩20×150 =	₩3,000	
₩20×300 =		₩6,000
기계준비(셋업)		
₩800×25 =	20,000	
₩800×50 =		40,000
검 사		
₩30×200 =	6,000	
₩30×800 =		24,000
선 적		
₩20×50 =	1,000	
₩20×100 =		2,000
계	₩30,000	₩72,000
단위당 제조간접비	₩150	₩90

단위당 제품원가

	Deluxe	Regular
직접재료비	₩100	₩50
직접노무비	75	60
공장제조간접비	150	90
단위원가	**₩325**	**₩200**

〈요점〉 전통적 원가계산방법하에서는 수량이 많은 Regular제품을 과대평가하고 수량이 적은 Deluxe제품을 과소평가하고 있음을 주목하라.

[문 4] ABC와 전통적 원가계산의 차이

1. 전통적 원가배부방식은 직접노동시간이라는 단일배부기준으로 제조간접비를 배부하고 있다.

$$\text{제조간접비 배부율} = \frac{₩120{,}000}{3{,}000\text{개}\times 2\text{시간} + 500\text{개}\times 3\text{시간}} = \textbf{₩16/직접노동시간}$$

2.

$$\text{시간당 직접노무비} = \frac{₩16}{400\%} = ₩4$$

구 분	제품 X		제품 Y	
단위당 제조원가	₩180,000 / 3,000개 =	₩60	₩35,000 / 500개 =	₩70
직접재료비		?		?
직접노무비	₩4×2시간 =	₩8	₩4×3시간 =	₩12
제조간접비	16×2 =	32	16×3 =	48
합 계		₩60		₩70

제품 X의 단위당 직접재료비 = 60 − (8 + 32) = **₩20**

제품 Y의 단위당 직접재료비 = 70 − (12 + 48) = **₩10**

3. (1) A, B, C에 의한 제조간접비 배부

활동	활동원가	총동인수	배부율	제품 X 배부액		제품 Y 배부액	
A	₩30,000	1,500	₩20	₩20×500 =	₩10,000	₩20×1,000 =	₩20,000
B	10,000	1,000	10	10×500 =	5,000	10×500 =	5,000
C	20,000	2,000	10	10×500 =	5,000	10×1,500 =	15,000
D	35,000	2,000	17.5	17.5×1,500 =	26,250	17.5×500 =	8,750
E	15,000	1,000	15	15×750 =	11,250	15×250 =	3,750
F	10,000	1,000	10	10×250 =	2,500	10×750 =	7,500
계	₩120,000				₩60,000		₩60,000

(2) 총제조원가 및 단위당 제조원가

구 분	제품 X		제품 Y	
직접재료비	₩20×3,000개 =	₩60,000	₩10×500개 =	₩5,000
직접노무비	8×3,000 =	24,000	12×500 =	6,000
제조간접비		60,000		60,000
총제조원가		**₩144,000**		**₩71,000**
생산수량		÷3,000개		÷500개
단위당 제조원가		**₩48**		**₩142**

4.

	제품 X		제품 Y	
전통적 시스템하의 단위당 제조원가	₩60		₩70	
ABC시스템하의 단위당 제조원가	(−)48		(−)142	
단위당 원가차이	₩12		₩(72)	
생산량	×3,000개		×500개	
제품별 원가	₩36,000	과대계상	₩(36,000)	과소계상

일반적으로 전통적인 원가계산은 공정이 복잡하여 실제로 원가가 많이 소요되는 제품의 원가를 과소계상하고 그 반대의 제품은 원가를 과대계상하는 경향이 있다. 활동기준원가계산(ABC)에 의하면 전통적 원가계산은 제품 X의 원가를 과대계상, 제품 Y의 원가를 과소계상하고 있다. 즉, ABC시스템하에서는 소량생산이면서 공정이 복잡한 제품 Y의 원가가 높게 계산된다.

5. 제품 Y의 수익성에 대한 의문을 제기할 수 있는 근거
   ① 판매시장에서의 경쟁이 치열한 제품 X의 경우 판매가격의 적정성과 보다 정확한 제품별 수익성의 평가를 위해 각 제품의 정확한 원가를 파악할 필요가 있다.
   ② 새로운 기계의 도입 및 생산준비시간의 증가 등 생산시스템의 변화가 진행된 상황하에서 기존의 직접노동중심의 제조간접비 배부방식은 적절한 원가동인을 반영하지 못한 셈이다.
   ③ 제품 Y의 가격이 너무 낮아 경쟁회사들이 생산을 포기하고 있음을 보더라도 제품 Y의 가격산정의 기초가 되는 제조원가의 신뢰성은 매우 낮다고 할 수 있다.

6. 대부분의 제조간접비는 셋업활동이나 검사활동과 같은 배치수준활동에서 발생하고 있다. 따라서 원가동인도 생산량에 비례하는 단위수준활동보다는 배치수준활동과 관련된 원가동인의 처리건수가 보다 합리적인 원가동인이다.

[문 5] 조업도중심 원가계산 대 ABC

1. 총제조간접비는 ₩1,000,000이다. 공장전체제조간접비배부율은 기계시간당 ₩16이다(₩1,000,000÷62,500). 각 꽃병에 배부된 제조간접비는 다음과 같다.

   고려식 꽃병 : ₩16×50,000＝₩800,000
   현대식 꽃병 : ₩16×12,500＝₩200,000

   각 꽃병의 단위당 원가는 다음과 같다.

   고려식 꽃병 : (₩800,000＋₩700,000) ÷ 200,000＝**₩7.50**
   현대식 꽃병 : (₩200,000＋₩150,000) ÷ 50,000＝**₩7.00**

2. ABC 접근법으로 세 가지 제조간접활동을 구분하고 각 제조간접비배부율을 구하

면 아래와 같다.

유 지:	₩250,000 ÷ 62,500	=₩4/시간
재료처리:	₩300,000 ÷ 800,000	=₩0.375/운반
셋 업:	₩450,000 ÷ 150	=₩3,000/셋업

제조간접비 배부액은 다음과 같다.

고려식 꽃병	
₩4×50,000	₩200,000
₩0.375×700,000	262,500
₩3,000×100	300,000
계	₩762,500
현대식 꽃병	
₩4×12,500	₩50,000
₩0.375×100,000	37,500
₩3,000×50	150,000
계	₩237,500

각 꽃병의 단위당 원가는 다음과 같다.

고려식 꽃병	
주요원가	₩700,000
제조간접비	762,500
총원가	₩1,462,500
생산수량	200,000
단위당 원가	**₩7.31**
현대식 꽃병	
주요원가	₩150,000
제조간접비	237,500
총원가	₩387,500
생산수량	50,000
단위당 원가	**₩7.75**

3. JIT하에서 단위당 원가를 계산하면 다음과 같다.

고려식 꽃병	
주요원가	₩700,000
제조간접비	770,000
총원가	₩1,470,000
생산수량	200,000
단위당 원가	**₩7.35**
현대식 꽃병	
주요원가	₩150,000
제조간접비	230,000
총원가	₩380,000
생산수량	50,000
단위당 원가	**₩7.60**

모든 원가가 각 제품에 직접 추적가능하기 때문에 가장 정확한 원가를 얻을 수 있다. 이는 JIT의 핵심적 영향 때문이다.

[문 6] 원가동인 및 제품원가 왜곡(I)

1.

활동원가집합	주문품 A	주문품 B
구매, 보관, 재료처리	₩8,000(20%×₩40,000)	₩7,000(20%×₩35,000)
엔지니어링 및 제품디자인	200(10×₩20/시간)	500(25×₩20/시간)
생산준비비용	140(2×₩70/회)	280(4×₩70/회)
기계감가 및 유지	72(24×₩3/시간)	60(20×₩3/시간)
공장 감가상각비, 보험 및 세금	48(24×₩2/시간)	40(20×₩2/시간)
기타 제조간접비	36(24×₩1.5/시간)	30(20×₩1.5/시간)
제조간접비 배부액 합계	**₩8,496**	**₩7,910**

2. 박스당 제조간접비 **₩0.4248/박스** **₩0.791/박스**

3. (1) $\frac{\text{총제조간접비예산}}{\text{총예산직접노동시간}} = \frac{₩1,020,000}{4,000} = $ **₩255/시간**

(2) 주문품 A : 직접노동 42시간×₩255/시간=**₩10,710**
주문품 B : 직접노동 21시간×₩255/시간=**₩5,355**

(3) 주문품 A : ₩10,710÷20,000=₩0.5355/박스
주문품 B : ₩5,355÷10,000=**₩0.5355/박스**

4. 단일 제조간접비 예정배부율의 부정확성에 근거한다. 주문품간에 직접노동시간의 사용량은 제조간접활동의 상대적 사용량을 반영하지 못하고 있다.

[문 7] 원가동인 및 제품원가 왜곡(II)

1. 새로운 인쇄기계의 감가상각비는 기계시간으로, 편집교정인건비는 편집교정횟수를 기준으로 배부하는 것이 합리적이다. 기계시간과 편집교정횟수로 제조간접비 배부율을 계산하여 보급판과 고급판에 제조간접비를 배부하면 다음과 같다.

- 총기계시간=42,500+7,500=50,000시간
- 기계감가상각비 배부율=₩200,000/50,000시간=₩4/시간

- 총편집교정횟수=2,500+12,500=15,000회
- 편집교정인건비 배부율=₩300,000/15,000회=₩20/회

	보급판	고급판	합계
기계시간	42,500	7,500	50,000
기계감가상각비 배부율	× 4	× 4	× 4
기계감가상각비	₩170,000	₩30,000	₩200,000
편집교정횟수	2,500	12,500	15,000
편집교정인건비 배부율	× 20	× 20	× 20
편집교정비	₩50,000	₩250,000	₩300,000
총제조간접비 배부액	**₩220,000**	**₩280,000**	₩500,000

2. 단일배부기준(기계시간) 제조간접비 배부율

= 총제조간접비/총기계시간 = ₩500,000/50,000시간 = ₩10/시간

따라서, 보급판에 배부될 제조간접비는 42,5000시간 × 10 = ₩425,000

고급판에 배부될 제조간접비는 7,500시간 × 10 = ₩75,000이다.

요리책 유형별 영업이익을 계산하면 다음과 같다.

	보급판	고급판
매출액	₩1,600,000	₩1,400,000
직접원가	1,250,000	600,000
제조간접비	425,000	75,000
영업이익	₩ (75,000)	₩ 725,000

이와 같은 결과는 생산량이 많아서 상대적으로 기계가동시간이 많은 보급판에 편집교정활동을 더 많이 요구한 고급판의 제조간접비를 교차보조하였기 때문이다. 제조간접비를 원가동인별로 배부할 경우, 아래 표와 같이 보급판은 손실이 아닌 ₩130,000이익이 발생한다.

	보급판	고급판
매출액	₩1,600,000	₩1,400,000
직접원가	1,250,000	600,000
제조간접비	220,000	280,000
영업이익	₩ 130,000	₩ 520,000

[문 8] ABC 원가계산

1. 원가동인별 배부율 계산

(1) 구매주문건수

구매주문건수 관련 원가

= 구매부서 간접비 ₩1,000,000 + 입고/검수부서 간접비 ₩1,500,000×0.4

= ₩1,600,000

구매주문횟수 = 400건

구매주문 배부율 = ₩1,600,000/400건 = **₩4,000**/구매주문횟수

(2) 입고/검수

구매자재 구입가격 관련 원가 = 입고/검수부서 간접비 ₩1,500,000×0.6

= ₩900,000

자재 구입액 = ₩22,500,000

입고/검수 배부율 = ₩900,000/₩22,500,000 =₩**0.04**/구매금액 ₩1당

2. 제품 A의 단위당 구매관련 간접원가 계산

구매주문건수 = 생산가동횟수 3×4 = 12건

구매주문 배부액 = 12건×₩4,000/건수 = ₩48,000

입고/검수 배부액 = ₩2,000,000×0.04 = ₩80,000

제품 A 2,000개 간접비 총액 = ₩128,000(=48,000+80,000)

따라서 단위당 구매관련 간접원가 = ₩**64**(=₩128,000÷2,000개)

[문 9] TDABC vs ABC

(1)

활동	비율	활동원가*	활동동인량	활동동인당 배부율**
고객주문취급	75%	₩450,000	8,000	₩56.25/주문처리
고객불만처리	10%	60,000	400	150/불만처리
고객신용분석	15%	90,000	450	200/신용분석
	100%	₩600,000		

* ₩600,000에 상대적 비율을 곱해서 구한 수치

** 활동원가÷활동동인수량

(2) 생산능력단위(시간)당 배부율=₩600,000/10,000=₩60/시간

활동	활동당 시간 (a)	단위활동당 배부율 (b) = (a) × 활동동인당 배부율**
고객주문취급	0.75	₩45
고객불만처리	3.5	210
고객신용분석	3.0	180

(3)

활동	단위시간	활동량	총시간	배부금액(=총시간×₩60)
고객주문취급	0.75	8,000	6,000	₩360,000
고객불만처리	3.5	400	1,400	84,000
고객신용분석	3.0	450	1,350	81,000
총계			8,750	₩525,000

실제조업도 = 8,750 ÷ 10,000 = 87.5%

미사용생산능력 = 10,000 − 8,750 = 1,250시간

유휴생산능력원가(미배분원가) = ₩600,000 − 525,000 = ₩75,000

(시사점) 경영자는 미사용생산능력의 절감(혹은 타용도에의 활용)을 위해 노력을 기울이게 될 것이다.

(4)

	갑 고객에게 배부될 금액					
		ABC			TDABC	
	갑고객을 위한 활동건수	배부율	배부액	소요시간	배부율	배부액
고객주문취급	80	₩ 56.25	₩4,500	60	₩60	₩3,600
고객불만처리	100	150	15,000	350	60	21,000
고객신용분석	60	200	12,000	180	60	10,800
			₩31,500			₩35,400

<결론> 어떤 방식을 따르는가에 따라 고객 '갑'에게 배부될 자원원가의 금액은 달라진다.

(주) 본 예제에서는 TDABC하의 금액이 더 큰 것으로 나타났으나 다른 활동건수(가령, 주문 200, 불만처리 50, 신용분석 100)의 조합의 경우 ABC하의 금액(₩38,750)이 TDABC하의 금액(₩37,500)보다 크게 나타난다.

(5)

활동	단위시간	활동량	총시간	배부금액
고객주문취급	0.75	8,500	6,375	₩382,500
고객불만처리	3.5	350	1,225	73,500
고객신용분석	3.0	500	1,500	90,000
총계			9,100	₩546,000

실제조업도 = 9,100 ÷ 10,000 = 91.0%

미사용생산능력 = 10,000 − 9,100 = 900시간

유휴생산능력원가(미배분원가) = ₩600,000 − ₩546,000 = ₩54,000

(핵심) TDABC하에서는 현실적 조업도를 얼마로 정하는가에 따라 미사용생산능력에 해당하는 금액이 배부되지 않고 별도로 인식된다. 따라서 이를 미사용생산능력에 해당하는 미배분원가까지를 원가대상(제품 또는 고객)에 배분하는 ABC는 TDABC에 비해 (총간접원가를) 과대배부하는 셈이다.

08 CVP(원가-조업도-이익) 분석

단답식 개념문제

01. 고정제조원가, 변동판매비, 관리비 02. 안전한계, 안전성 03. 유입액, 유출액

[문 1] ① 총원가는 두 가지로 구분될 수 있는데, 하나는 고정원가이고 다른 하나는 생산단위나 판매단위와 같은 산출물관련요인과 관계있는 변동원가이다.
② 관련범위 내에서 산출물 단위와 관련하여서는 총수익과 총원가의 행태가 선형이다.
③ 원가, 수익 그리고 산출물의 양에 있어서 불확실성이 존재하지 않는다.
④ 편의상 한 가지 제품만을 다루거나 복수제품을 취급하는 경우 주어진 제품배합(product mix)은 총판매단위의 수준이 변화하더라도 일정하게 유지될 것이라고 가정한다.
⑤ 총수익과 총원가는 화폐의 시간가치를 고려하지 않고도 합산되거나 비교될 수 있다.

[문 2] 조업도와 총원가와의 관계파악 및 조업도와 총수익간의 관계파악을 감안하여서이다.

[문 3] 변동비 위에 고정비를 가산하여 총비용을 표시하는 방식은 공헌이익이란 용어의 의미를 잘 나타내기 때문이다. 매출액(즉, 총수익)선과 변동비선 간의 수직선상의 차이는 곧 먼저 ①) 고정비를 회수하고 ② 남는 경우 이익창출에 기여함을 잘 나타낸다.

[문 4] 공헌이익접근법에 있어서 손익분기점은 변동비뿐만 아니라 고정비의 증감에 의해서도 큰 영향을 받는다. 즉, 원가구조(변동비와 고정비의 적절한 조합)에 따라 기업의 최종성과 및 운영상의 제약은 크게 달라짐을 잘 알고 있는 공헌이익접근법의 주창자들은 고정비의 중요성을 어느 누구보다도 인식하고 있을 뿐만 아니라 이것이 제반 의사결정에 결정적임을 강조한다. 다만 분석모델에서는 이들이 정해져 있다고 가정할 뿐이다.

[문 5] 안전한계는 예산매출액(또는 수량)이 손익분기점 매출액(또는 수량)을 초과하는 부

분으로서 손실이 발생하지 않으면서 매출이 예산수준 이하로 감소할 수 있는 금액(또는 수량)을 말한다. 즉, 매출액(또는 수량)의 변화에 대한 순이익의 민감도를 측정하므로 민감도분석의 한 기법이다.

[문 6] 소매상에 있어서도 변동판매비 및 변동일반관리비는 공헌이익 계산시 차감된다. 그러나 매출총이익 계산시에는 차감되지 않는다. 이들은 영업이익을 구할 때 매출총이익에서 차감된다. 따라서 양자가 같은 것은 아니다.

[문 7] ① 판매수량 : 단위당 공헌이익, ② 매출액 : 공헌이익률

[문 8] 회계담당자는 단위당 변동원가와 단위당 판매가격이 조업도수준이나 판매수량에 관계없이 항상 일정하다고 가정하는 반면에 경제학자들은 현실적으로 가정을 달리하여 생산량에 따라 단위당 변동비는 일정수준까지는 체감하며 판매량을 어느 정도 늘리기 위해서는 가격인하가 불가피하다고 가정한다.

[문 9] 아니다. 오히려 기업의 전략에 따라 고정비의 발생규모 및 패턴은 크게 차이를 보이기 때문에 고정비에 대한 관리의 중요성은 매우 높다. 다만 단기 이익계획상 편의상 고정비가 일정하다고 가정하고 분석을 할 뿐이다.

[문10] 법인세는 기본적인 모형의 손익분기점에는 영향을 주지 않는다. 이는 손익분기점 판매량에서 이익이 발생하지 않으므로 법인세가 부과되지 않기 때문이다. 그러나 법인세는 세후이익에 영향을 줌으로써 목표이익달성에 필요한 조업도수준을 '(고정비+목표이익)/단위당 공헌이익'의 매출조업도에서 '{고정비+목표이익/(1－세율)}/단위당 공헌이익'의 매출조업도로 변하게, 즉 증가시키게 한다.

[문11] 법인세가 고려되면 원가함수가 수정되어야 하는데 법인세는 변동비 역할을 하므로 기울기는 (단위당 공헌이익×법인세율)만큼 증가하게 되며 고정비에 대해서는 비용절감효과로 인해 (고정비×법인세율)만큼 수직축의 절편이 하락한다.

[문12] 현금흐름분기점은 현금수입과 현금지출이 일치하는 점이다. 기업이 과거년도에 납부한 세금을 환수하거나 현금지출을 수반하지 않는 비용 등으로 인한 세금감소효과 등이 발생시키는 추가적인 현금흐름은 현금흐름 분기점을 감소시키게 한다.

[문13] ① CVP그래프는 조업도에 대한 총원가에 총수익의 관계를 표시하고 있으나 PV그래프는 다양한 조업도하에서의 이익이나 손실만을 나타내고 있다.

② CVP그래프의 총수익선과 총원가선의 기울기는 각각 판매가격과 단위당 변동비를 의미하지만 PV그래프의 이익선의 기울기는 단위당 공헌이익 또는 공헌이익률을 나타낸다.

③ PV그래프에서는 총공헌이익을 표시하지 못하지만 CVP그래프에서는 총수익선과 총변동비의 수직적인 차이가 총공헌이익으로 나타난다.

[문14] ① 가중평균법 : 사전에 정해진 제품믹스를 토대로 가중평균 단위당 공헌이익을 구한 후 이 수치를 이용하여 마치 단일제품인 경우처럼 손익분기점이나 목표이익 달성조업도를 구한다.

② 꾸러미법 : 가중평균법에서 구한 수치가 현실적인 의미를 갖지 못한다는 인식하에서 비롯된 것이다. 먼저 꾸러미 단위당 공헌이익을 계산한 후 총고정비를 이 수치로 나누어 손익분기점을 위한 꾸러미 단위당 판매수량을 계산한다. 이후 꾸러미에 포함될 제품별 수량을 곱하여 제품별 손익분기점 판매량을 구한다.

[문15] ① 모든 원가는 고정원가와 변동원가로 분류된다.

② 총원가는 선형으로 표시될 수 있다. 즉, 단위당 변동비는 일정하다.

③ 고정원가는 관련범위내에서 변하지 않는다.

④ 판매가격은 매출조업도가 증가하더라도 변하지 않는다.

⑤ 제품의 종류는 오직 하나이거나 복수제품인 경우는 매출배합비율이 일정하다.

⑥ 기말재고는 항상 일정하다. 즉, 생산량과 판매량은 같다.

⑦ 조업도만이 원가에 영향을 미치는 유일한 요소이다.

⑧ 분석기산은 화폐의 시간가치가 중요하지 않을 정도로 단기간이다.

⑨ 모든 기본적인 관계는 관련범위 내에서만 가능하다.

[문16] 다른 일반고정비와 마찬가지로 회수되어야 할 고정비에 포함된다.

[문17] 투입변수의 실제수치가 당초 예상수치에서 벗어날 수 있다는 가능성을 고려할 때 단일 최선의 예측치에 기초한 CVP분석을 보완하기 위한 것이다.

연습문제

객관식

[문 1] ③

수익과 원가행태는 관련범위 내에서 직선이다.

[문 2] ①

[문 3] ③

손익분기점 = 고정비/(단위당 판매가격 − 단위당 변동비)임을 이해하면 쉬움.
변동비율의 증가와 총고정비의 증가는 손익분기점을 증가시키지만 단위당 판매가격의 증가는 손익분기점을 감소시킨다.

[문 4] ⑤

원가·조업도·이익도표의 기울기는 조업도가 매출액일 경우에는 변동비율, 판매수량일 경우는 단위당 변동비이다. 도표에서 두 점의 기울기 '변동비/매출액'은 A와 B가 동일하다. 그러나 매출액은 B가 크므로 '고정비/매출액'은 A가 B보다 더 크다.

[문 5] ①

$BEP_{₩} = \dfrac{F}{1 - \dfrac{v}{p}}$, $₩1,000,000 = \dfrac{F}{0.4}$ $\therefore F = ₩400,000$

영업이익=공헌이익-고정비, ₩250,000 = x × 0.4 - 400,000

$\therefore x$ = ₩1,625,000

[문 6] ①

- 손익분기매출액=고정비÷공헌이익률 공식을 이용하여 고정비를 구한다.

  $₩100,000 = \dfrac{고정비}{0.2}$, $\therefore$ 고정비=₩20,000

- 목표이익매출액= $\dfrac{₩20,000 + ₩80,000}{0.2}$ =₩500,000

- 판매수량을 구하기 위해 (1-변동비 비율)=공헌이익률 공식을 이용한다.
  변동비 비율=1-0.2=0.8
  목표매출액 ₩500,000×0.8=₩40,000(총변동비), 단위당 변동비가 ₩400이므로,
  목표판매수량=₩40,000÷₩400=**1,000단위**

[문 7] ⑤

매출액-변동비-고정비=영업이익

30,000개×P-0.6×30,000개×P-₩3,000,000=₩2,000,000

∴ P=416.67

[문 8] ①

현재의 단위당 판매가격 : ₩350÷(1-0.3)=₩500 ∵변동비율=(1-CM%)

현재의 총고정비 : ₩100,000×0.3=₩30,000

최대인상가능액(y): 250단위×(₩500-₩350)-(₩30,000+y)
=50단위×₩500×10%.

따라서 y =₩5,000

[문 9] ①

$70,000 \times 0.2 - F = -21,000$ $\therefore F = 35,000$

$(v/p) = (v/100) = 0.8$ $\therefore v = 80$

세후영업이익 = $\{(p-v)Q-F\} \times (1-t)$이므로

$\{(p-80) \times 1,000 - (35,000+15,000)\} \times (1-0.3) = 28,000$ $\therefore p = 170$

[문10] ③

〈Key Point〉 매출배합(판매량의 비율)일 경우, 가중평균공헌이익 또는 꾸러미공헌이익을 우선적으로 구하자.

$Q(X) : Q(Y) : Q(Z) = 3 : 3 \times 2 : 1 = 3 : 6 : 1$

가중평균공헌이익=₩1×3/10+₩1.5×6/10+₩3×1/10=₩1.5

$BEP(X+Y+Z) = \dfrac{₩600,000}{₩1.5}$ =400,000개 $\therefore BEP(X)$=400,000개×3/10=120,000개

[문11] ③ (1) 제품 A의 매출액 비율을 x라 하면

$$\underbrace{\{x \times 0.5 + (1-x) \times 0.3\} \times ₩7{,}000{,}000}_{\text{공헌이익}} - \underbrace{₩1{,}750{,}000}_{\text{고정원가}} = \underbrace{₩700{,}000}_{\text{영업이익}} \quad \therefore x = 25\%$$

(2) 예상영업이익 ₩700,000을 달성하기 위한 제품 A와 제품 B의 매출액

제품 A : ₩7,000,000×25%=₩1,750,000,

제품 B : ₩7,000,000－₩1,750,000=₩5,250,000

[문12] ④ 대안3은 고정비가 포함되지 않은 변동수수료만으로 지불액이 결정된다. 또한 고정비가 전혀 없는 대안3의 경우 손익분기점은 0이다.

[문13] ⑤

$(2{,}000-500)Q-300{,}000=(2{,}000-500-2{,}000\times0.1)Q-100{,}000$

$1{,}500Q-300{,}000=1{,}300Q-100{,}000$

$\therefore\ Q=1{,}000$

[문14] ⑤ (1) 노동집약적 생산방법 선택시 단위당 공헌이익=₩600－₩300－₩50=₩250

손익분기점 판매량을 x라 하면

₩250 × x=₩2,100,000+₩1,400,000 $\therefore x=14{,}000$단위

(2) 자본집약적 생산방법의 단위당 공헌이익=₩600－₩250－₩50=₩300

두 생산방법의 영업이익이 동일해지는 판매량을 x라 하면

₩250 × x－₩3,500,000=₩300 × x－₩4,500,000 $\therefore x=20{,}000$단위

[문15] ⑤

① 신제품 A의 단위당 목표원가=₩5,000×(1－30%)=₩3,500

② 2,000단위 생산시 단위당 고정비=₩2,000,000÷2,000단위=₩1,000

신제품 A의 단위당 원가=₩2,500+₩1,000=₩3,500

③ 신제품 B의 단위당 목표원가=₩4,000×(1－30%)=₩2,800

④ 2,500단위 생산시 신제품 B의 단위당 원가

=₩1,900+(₩2,000,000÷ 2,500단위)=₩2,700

신제품 B의 단위당 목표원가 ₩2,800보다 작으므로 달성가능하다.

⑤ 신제품 A 2,000단위 생산시 영업이익

=(₩5,000－₩3,500)×2,000단위=₩3,000,000

신제품 B 2,500단위 생산시 영업이익

=(₩4,000－₩2,700)×2,500단위=₩3,250,000

따라서 신제품 B 생산이 더 유리하다.

[문16] ①

• 변동원가율 60%이므로 공헌이익률은 40%

• 목표세후이익 달성을 위한 매출액 $= \dfrac{\text{고정비}+\text{세후목표이익}\div(1-\text{세율})}{\text{공헌이익률}}$

$$= \frac{₩30{,}000+₩12{,}000\div(1-0.2)}{0.4} = ₩112{,}500$$

• 세전이익 = 매출액 − 변동비 − 고정비
　= ₩100,000 − ₩60,000 − ₩30,000 = ₩10,000
당기순이익 = 세전이익 × (1 − 세율) = ₩10,000 × (1 − 0.2) = ₩8,000
• 판매량 5% 증가하면 세전영업이익은
매출액 ₩105,000 − 변동비 ₩63,000 − 고정비 ₩30,000 = ₩12,000이다.
∴ 현재 세전영업이익 ₩10,000에서 ₩2,000 증가한다.

• 손익분기점매출액 $= \dfrac{₩30,000}{40\%} = ₩75,000$

• 안전한계율 $= \dfrac{₩100,000 - ₩75,000}{₩100,000} = 0.25(25\%)$

주관식

[문 1] CVP + 목표이익을 달성하기 위한 판매량 : 법인세 고려

1. 손익분기점 매출액 $= \dfrac{\text{고정비}}{\text{단위당 공헌이익율}} = \dfrac{₩60,000}{0.30} = \mathbf{₩200,000}$

*단위당 공헌이익률 $= \dfrac{\text{단위당 공헌이익}}{\text{단위당 판매가격}} = \dfrac{200-(20+40+30+50)}{200} = 0.30$

2. 목표이익 달성을 위한 판매량 $= \dfrac{\text{고정비} + \dfrac{\text{목표이익}}{(1-\text{세율})}}{\text{단위당 공헌이익}}$

$$= \dfrac{60,000 + \dfrac{61,200}{(1-0.4)}}{60} = \mathbf{2,700}\text{단위}$$

[문 2] 안전한계

공헌이익율은 40%(∵ 1 − 변동비율)이므로 손익분기점매출액은 ₩1,375,000이고, 안전한계금액은 ₩625,000이다. 그러므로

안전한계율 $= \dfrac{\text{안전한계}}{\text{매출액}} = \dfrac{₩625,000}{₩2,000,000} = \mathbf{31.25\%}$

[문 3] 복수제품하의 CVP분석(I)

1. 가중평균공헌이익률 : (40%×60%) + (15%×40%) = 30%이므로

$\dfrac{₩150,000}{30\%} = \mathbf{₩500,000}$

2. 제품별 공헌이익은 A가 40%, B가 15%이다.
가중평균공헌이익률 30%이므로
목표매출액 : (₩150,000×130% + ₩9,000) ÷ 30% = **₩680,000**

[문 4] 복수제품의 CVP분석(II)

제품 A와 B의 총매출액에 대한 기여도가 동일하므로 매출액 구성비는 1 : 1이다. 이는 곧 판매량 구성비는 2 : 1임을 의미한다. 왜냐하면 제품 A의 가격이 B의 50%이기 때문이다.

따라서 판매수량을 Q라 하면 제품 A의 판매수량은 2Q이고 제품 B의 매출수량은 Q이다.

$(40\times2Q+50\times Q-90{,}000)\times0.4 = (2Q\times100+Q\times200)\times0.1 \quad \therefore Q=3{,}000$개

제품 A의 판매수량은 **6,000개**, 제품 B의 판매수량은 **3,000개**

세후순이익 = (₩40×6,000 + ₩50×3,000 − 90,000) × 0.4 = **₩120,000**

또는 총매출액의 10%로 구해도 된다.

(₩100×6,000 + ₩200×3,000) × 0.1 = **₩120,000**

[문 5] 안전한계율 및 목표이익 달성

1.

P(가격)	₩1,000
−V(변동비)	(500)*
CM(공헌이익)	₩500/단위당

* ₩100(DM) + 200(DL) + 100(VOH) + 100(변동판매관리비) = ₩500

$$\therefore BEP_Q = \frac{₩280{,}000+₩190{,}000}{₩500} = 940개$$

$$\therefore MS(\%) = \frac{₩1{,}000{,}000-₩940{,}000}{₩1{,}000{,}000} = \mathbf{6\%}$$

2. 매출액이 20%감소된 판매량 800단위인 경우의 영업이익은
   800단위×₩500(단위당 공헌이익) − ₩470,000(고정비) = △**₩70,000**
   즉, ₩70,000손실이 발생한다.

3. 목표이익 ₩60,000인 경우의 판매량은 $\dfrac{₩470{,}000-₩60{,}000}{₩500}$ = 1,060단위

∴판매량을 **6%** 증대시켜야 한다.

[문 6] 현금흐름과 CVP분석

1.

P(판매가격)	20,000	(100%)
- V(변동비)	8,000	(40%)
CM(공헌이익)	12,000	(60%)

$$\text{현금분기점(cash BEP)} = \frac{(₩520{,}000{,}000 - 178{,}000{,}000)}{12{,}000} = \mathbf{28{,}500개}$$

2. $$\text{목표매출액} = \frac{(₩520{,}000{,}000 + 120{,}000{,}000/(1-0.4)^{*})}{0.6^{**}} = \mathbf{₩1{,}200{,}000{,}000}$$

* 법인세율　　　　** 공헌이익률

[문 7] 손익분기점+현금분기점

- $$\text{일반적 손익분기점} = \frac{\text{고정비}}{\text{단위당 공헌이익}} = \frac{₩400{,}000 + 200{,}000}{₩100 - 55 - 20} = \mathbf{24{,}000개}$$
- $$\text{현금손익분기점(법인세 무시)} = \frac{\text{현금지출고정비}}{P - V}$$
  $$= \frac{₩260{,}000 + 100{,}000}{₩100 - 55 - 20} = \mathbf{14{,}400개}$$
- 현금손익분기점(법인세 고려)

  법인세가 추가될 경우의 핵심은 총수익 중 일부는 현금지출과 상관없이 계산되는 세전이익에 적용될 세금지출분을 감당할 수 있어야 한다는 것이다.

  $$\frac{100Q}{\text{매출액}} = \frac{75Q}{\text{변동비}} + \frac{(₩400{,}000 - 140{,}000)}{\text{현금고정제조간접비}} + \frac{(₩200{,}000 - 100{,}000)}{\text{현금고정판매비와관리비}}$$

  따라서 다음 식이 성립된다. 현금손익분기점을 Q라고 하면

  $100Q = 75Q + 260{,}000 + 100{,}000 + (100Q - 75Q - 400{,}000 - 200{,}000 \times 0.4)$

  $\therefore Q =$ **8,000개**

[문 8] CVP분석 : 세금효과

- 2013년 세전이익 = ₩240,000÷(1 − 0.4) = ₩400,000
- 2014년 세전이익 = 2014년 세전이익 × 110%

  = ₩440,000
- 목표이익매출액 = (고정비 + 세전목표이익) ÷ 공헌이익률

  ₩2,500,000 = (₩510,000 + ₩440,000) ÷ 공헌이익률

  ∴ 공헌이익률 = **0.38(38%)**

09 표준원가계산

단답식 개념문제

01. 수량, 가격 02. 예외관리원칙 03. 소비 04. 예산, 조업도, 예산

[문 1] 표준원가는 단위조직에 대한 예산으로 사용되며 공학적인 추정치나 과거원가자료에 대하여 제품, 생산기술 및 원가 등에 예상되는 변동사항을 고려한 특정한 상황에서 발생할 단위당 원가의 예측치를 말한다. 표준원가의 용도를 요약하면 다음과 같다. ① 예산편성, ② 성과평가, ③ 제품원가 계산과 재고자산평가

[문 2] 미래의 계획기능이나 통제목적 양쪽에서 문제가 발생한다. 달성이 어려운 표준을 투입요소량 추정과 현금흐름의 예산편성에 사용할 경우 실제로는 허용된 표준보다 더욱 많은 자원을 사용하게 된다. 달성하기 어려운 표준에 입각한 현금흐름 예측으로 인해 조직의 소요자금을 과소추정하게 될 것을 종업원들이 우려하게 되면 '현실적 예산'에 사용할 다른 표준을 별도로 마련하게 되어 조직 내에 혼선이 빚어지거나 커뮤니케이션에 문제가 생긴다. 또한 동기부여목적으로 달성이 어려운 표준을 이용할 경우 항상 불리한 차이로 가득찬 성과보고서를 접하는 종업원들은 결코 개선하고자 하는 의지를 갖지 못한다. 요컨대 달성이 불가능한 표준은 행동과학적 측면에서 바람직하지 못한 영향을 미친다.

[문 3] 표준금액은 최선을 다했을 경우에 기대되는 단위당 금액인 반면에 예산은 표준이나 과거실적 등에 기초하여 마련된 미래기간에 예상되는 총액 수치이다.

[문 4] 첫째, 원가관리 및 통제를 효과적으로 한다. 둘째, 재고자산의 평가와 매출원가산정의 기초자료를 제공한다. 셋째, 예산편성 및 가격결정에 필요한 기초자료를 제공한다. 넷째, 가격결정 및 기타 경영계획수립에 필요한 기초자료를 제공한다. 다섯째, 기정절차의 간소화와 신속화를 촉진한다.

[문 5] 직접재료비 가격차이는 ① 재료시장의 상황변화, ② 구입재료의 품질수준, ③ 계획구입 대 긴급구입, ④ 구매부문의 성과 등에 의해 발생한다. 한편, 직접재료비 능률차이는 ① 생산공정에서의 예외적 상황발생, ② 구입재료의 품질수준, ③ 생산기술의 변화, ④ 생산부문의 작업성과 등에 의해 발생한다.

[문 6] 일본식 원가관리기법을 의미하는 CPI(지속적 개선)를 적용하는 일본기업들은 작업방식의 개선을 통한 생산성 향상 등을 토대로 현재의 실적이 다소 개선될 것을 가정하여 당기표준을 과거의 실적이나 표준에 비해 낮게 설정한다. 이로써 끊임없이 기업경쟁력(원가경쟁력 제고를 통한 가격경쟁력)을 높이기 위한 노력을 기울인다.

[문 7] 가격차이, 임률차이, 예산차이

[문 8] 수량차이, 시간차이, 능률차이

[문 9] 일반적으로는 구입시점에서 일단 실제가격으로 장부에 기록하였다가 생산에 투입되어 소비될 때 표준가격이 적용되어 가격차이가 투입된 부분에 대해서만 계산된다. 그러나 현실적으로는 직접재료의 구입시점과 소비시점간에는 차이를 보이는 것이 일반적이고 가급적 차이정보가 보다 빨리 관리자에게 전달되는 것이 바람직하다는 점을 감안할 때 구입시점에서 가격차이를 계산하는 것이 바람직하다. 물론 적시생산방식이 도입되어 구입과 동시에 생산공정에 투입되는 특수한 경우도 가능하지만 이는 예외적이다.

[문10] 변동제조간접비 소비차이는 가격요인 이외에 수량요인에 의해서도 야기됨을 감안하여 소비차이라는 명칭으로 불린다. 이는 현실에서 과소비란 용어가 지나치게 비싼 음식을 외식하는 경우와 같은 가격요인뿐만 아니라 지나치게 자주 외식하는 소위 수량요인까지를 포함하여 사용되는 점을 고려하면 쉽게 이해할 수 있다.

[문11] 고정제조간접비는 변동예산의 적용대상이 아니기 때문에 당초 책정된 예산이나 변동예산이 동일하다. 따라서 소비차이와 능률차이 두 가지 항목으로 예산차이가 분해되는 변동제조간접비와는 달리 소비차이 한 가지만 존재한다.

[문12] 조업도차이는 단순히 당초 예상한 조업도수준이 실제 조업도수준과 어떠한 차이를 보였는지를 말해 줄 뿐 추가시설활용에 따른 이익개선 가능성에 관한 정보는 담지 못하기 때문이다.

[문13] 재료비 가격차이, 노무비 임률차이, 조업도차이

[문14] 4분법이란 변동제조간접비 소비차이, 변동제조간접비 능률차이, 고정제조간접비 예산차이, 고정제조간접비 조업도 차이항목을 이용하여 변동제조간접비와 고정제조간접비의 차이분석을 별개로 행하는 방법이다. 2분법이란 제조간접비를 변동비와 고정비로 구분하지 않는 가운데 제조간접비차이를 예산차이, 조업도차이의 두 가지로

구분하는 방법이다. 3분법이란 제조간접비 총차이를 예산차이, 능률차이 및 조업도 차이의 세 가지로 구분하는 방법이다.

[문15] 첫째, 직접재료비 가격차이와 능률차이간에 존재하는 상충관계이다. 가격이나 능률 차이가 불리하거나 또는 유리한 결과를 보였다고 해서 반드시 특정부문의 성과가 좋거나 나쁘다는 것을 의미하지는 않는다. 왜냐하면 가격차이와 수량차이가 품질 때문에 발생할 수 있기 때문이다. 즉, 당초 표준에서 설정한 수준보다 낮은 품질의 재료를 구입하여 유리한 구입가격차이를 기록하더라도 낮은 품질로 인해 생산작업에서는 자재소비량이 늘어 불리한 능률차이가 발생한다.

둘째, 직접노무비 임률차이와 시간차이간에 가능한 상충관계이다. 즉, 표준보다 고임률의 숙련공을 투입하는 경우 비록 임률차이는 불리하게 기록되지만 시간차이는 유리하게 나타날 수 있다. 이러한 상충관계를 감안하여 생산부문관리자는 작업인력의 배합을 결정해야 할 뿐만 아니라 차이분석에서도 양차이의 순효과에 관심을 기울여야 한다.

[문16] 고정제조간접비 예정배부율을 제품원가계산목적으로 표준원가계산에 이용하는 경우 기준조업도가 실제산출물에 허용되는 조업도를 의미하는 표준조업도와 일치하지 않으면 고정제조간접비 예산액과 배부액은 차이를 보이게 된다. 이처럼 예정배부액과 예산액간의 차이를 조업도 차이라고 한다.

이것이 발생하는 이유는 예정조업도를 잘못 예측했거나 예상치 못한 상황의 발생(가령, 외부환경의 변화로 인한 시장규모의 축소, 공장내 화재 등으로 인한 가동중단 등)으로 인해 실제 조업수준이 줄어들었기 때문이다. 정반대의 경우에도 마찬가지로 조업도 차이가 발생한다. 이런 의미에서 조업도 차이는 시장차이라고 불린다.

연습문제

객관식

[문 1] ②

어떠한 원가계산제도를 채택하는지는 제조기술의 향상에 영향을 미치지 않는다.

[문 2] ③

현실적으로 달성하기 어려운 표준원가의 설정은 종업원의 동기부여에 역효과를 초래하여 비효율적인 생산활동을 야기할 소지가 있다.

[문 3] ③

표준원가제도는 사전에 설정된 표준원가와 실제발생원가가 중요한 차이를 보이는 항목에 대해 관리하는 예외에 의한 관리를 가능하게 하며, 차이의 원인을 파악하여 원가를 절감하는 원가통제를 가능하게 한다. 이때 중요한 차이를 보이는 항목에는 유리하거나 불리한 차이를 불문한다.

[문 4] ④

ㄷ. 원가발생의 예외를 관리하여 통제하기에 적절한 원가계산방법이다.

ㄹ. 기말에 원가차이를 매출원가에서 조정할 경우 불리한 차이는 매출원가에 가산하며 유리한 차이는 매출원가에서 차감한다.

[문 5] ②

근무시간에 대한 임률이 일정하므로 초과근무시간에 대해 지급한 임금은 직접노무원가 능률차이를 발생시킨다.

[문 6] ③

재료가격은 구매부서가, 조업도 차이는 판매량을 좌우하는 마케팅부서의 책임이다.

[문 7] ④

단위시간당 임률과 변동제조간접비 배부율의 크기에 따라 다르다

[문 8] ⑤

(1) 변동제조간접비차이

실제발생액	SR×AH	SR×SH
5,000,000	100×51,000 = 5,100,0000	100×50,000 = 5,000,000

소비차이 100,000(F) 능률차이 100,000(U)

(2) 고정제조간접비 차이분석

실제발생액	예 산 액	표준배부액
		표준배부율×실제생산량 =₩1,800,000/5,000단위 ×10,000단위 =₩360×10,000단위
₩2,000,000	=₩1,800,000	=₩3,600,000

예산차이 ₩200,000(U) 조업도차이 ₩1,800,000(F)

[문 9] ③

- 직접재료비 가격차이 ₩4,000=(₩35－P)×실제재료사용량
  실제재료사용량=₩28,000÷₩35=800단위
  표준가격(P)=₩30
- 직접재료비 수량차이 ₩3,000=(SQ－800)×₩30
  표준재료사용량(SQ)=900단위
- 제품단위당 표준재료투입량 9개이므로 실제생산량은
  900단위 ÷ 9개=100단위

[문10] ③

임률차이=실제발생액－실제 노무시간×표준임률

₩437,000=₩1,166,400－(81시간×300개)×표준임률

=₩1,166,400－24,300시간×표준임률

∴ 표준임률=₩729,000÷24,300시간=₩30

노무원가 고정예산 = 표준임률 × 예산생산시간

₩896,400 = 30 × (83시간 × 예산생산량)

따라서, 예산생산량 = 896,400 ÷ (30 × 83) = **360개**

[문11] ②

고정제조간접비 조업도차이 = 고정제조간접비 예산액 − 고정제조간접비 배부액

= (예정배부율 × 기준조업도) − (예정배부율 × 표준조업도)

−16,200 = (표준임률 × 72,000시간) − (표준임률 × 45,000단위 × 2시간)

= 표준임률 × −18,000시간

∴ 표준임률 = ₩16,200 ÷ 18,000시간 = 0.9

고정제조간접비 예산액 = 0.9 × 72,000시간 = **₩64,800**

주관식

[문 1] 제조간접비 차이분석(3분법)

3분법을 이용하여 소비차이를 계산하면 다음과 같다.

실제제조간접비	변동예산(실제투입물기준)
	작업시간당 변동간접비×실제작업시간 + 예산고정제조간접비
	= ₩25×실제작업시간 + ₩70,000
₩150,000	= ₩157,500

소비차이 ₩7,500(F)

따라서 실제작업시간 = (₩157,500 − ₩70,000) ÷ ₩25 = **3,500시간**

[문 2] 재료비 차이분석

1. 직접재료비 구입가격 차이분석

AP×AQ(구입수량)	SP×AQ(구입수량)
AP×50,000파운드 = ₩450,000*	₩9.9×50,000파운드 = ₩495,000

재료가격차이 ₩45,000(F)

* ₩495,000 − ₩45,000 = ₩450,000

따라서 파운드당 실제가격(AP) = ₩450,000 ÷ 50,000파운드 = **₩9/파운드**

2. 직접재료 능률차이(=수량차이)분석

SP×AQ(소비수량)	SP×단위당 허용표준파운드×생산수량
₩9.9×48,000파운드[1)] = ₩475,200	₩9.9×2.35파운드×생산수량 = ₩465,300[2)]

재료능률(수량)차이 ₩9,900(U)

1) AQ(소비수량) = 50,000파운드 − $\frac{₩19,800^*}{₩9.9}$ = 48,000파운드

* 표준가격하의 재고증가액. 따라서 이 금액을 표준가격으로 나누어 주면 재료재고의 증가수량을 의미한다.

2) ₩475,200 − ₩9,900 = ₩465,300

따라서 실제 생산수량=₩465,300÷(₩9.9×2.35)=**20,000단위**

[문 3] 제조간접비 차이분석

1. 고정제조간접비 차이분석

실제발생액	예 산 액	배 부 액
	시간당 배부율×기준조업도	시간당 배부율×단위당 허용표준시간×실제생산량
	=₩10×20,000시간	=₩10×4시간×5,100단위
₩205,000	=₩200,000	=₩204,000

소비차이 ₩5,000(U) / 조업도차이 ₩**4,000**(F)

2. 재공품재고에 배부될 총제조간접비

• 변동제조간접비	(₩8×4시간×5,100단위)	₩163,200
• 고정제조간접비	(₩10×4시간×5,100단위)	204,000
합 계		**₩367,200**

3. 4.

실제발생액	표준배부율×실제기계시간	표준배부율×표준작업시간
	=₩8×19,800시간	=₩8×(4시간×5,100단위)
₩165,750	=₩158,400	=₩163,200

소비차이 ₩7,350(U) / 능률차이 ₩4,800(F)

따라서

변동제조간접비 소비차이 : **₩7,350 불리**

변동제조간접비 능률차이 : **₩4,800 유리**

[문 4] 제조간접비 차이분석

1. 직접노동시간당 표준변동제조간접비율(SR)=**₩4/시간**
 변동제조간접비(VOH) 능률차이=(AH−SH)×SR=8,000(F)
 (18,000−20,000)×SR=−8,000

2. 실제생산에 허용되는 총제조간접비 예산액=**₩140,000**
 VOH예산(기준조업도×표준배부율) + FOH예산
 =20,000시간×4 + 60,000=140,000

3. 실제작업시간에 기초한 총제조간접비 예산액=**₩132,000**
 VOH변동예산(실제작업시간×표준배부율) + FOH예산

=18,000시간 × 4 + 60,000 = 132,000

4. 기준조업도(denominator activity) = **24,000시간**
   FOH예산, 표준배부액, 조업도차이를 이용한다.
   (60,000÷기준조업도) × 20,000 = (60,000 − 10,000)

5. 실제제조간접비 발생액 = **₩135,000**
   실제작업시간에 기초한 총제조간접비 + (3분법)소비차이
   = 132,000 + 3,000 = 135,000

6. 제조간접비 표준배부액(applied) = ₩130,000
   표준에 의한 VOH + FOH배분액 = 20,000×4 + 50,000 = **130,000**

총제조간접비 차이분석

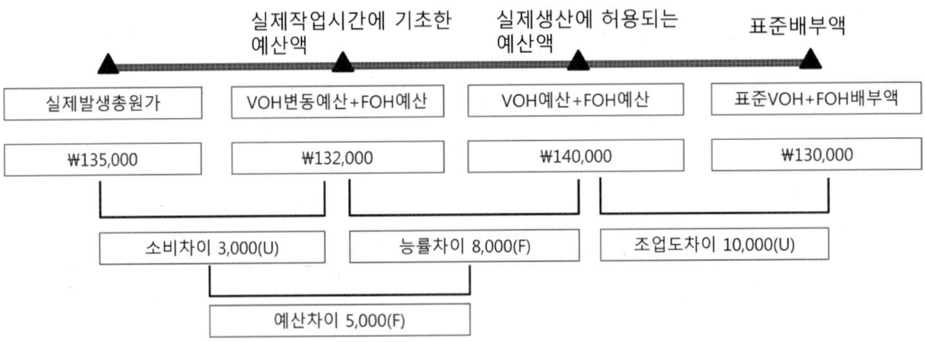

[문 5] 완성품과 기말재공품의 평가

	[1단계] 물량의 흐름	[2단계] 완성품환산량 재료비	가공비	
기초재공품	0			
당기착수	1,300			
	1,300			
당기완성	1,100	1,100	1,100	
기말재공품(70%)	200	200	140	
	1,300	1,300	1,240	
[3단계] 총원가의 요약				
당기발생원가		₩8,050	₩12,960	₩21,010
[4단계] 환산량 단위당 원가				
완성품환산량		÷1,300	÷1,240	
환산량 단위당 원가		₩6.1923	₩10.4516	

1. 종합원가계산에서 도출된 완성품과 기말재공품의 수량에 표준원가를 곱하여 계산한다.
   (1) 완성품(다음 공정 대체품)원가 = 1,100×₩6 + 1,100×₩10 = **₩17,600**
   (2) 기말재공품 원가 = 200×₩6 + 140×₩10 = **₩2,600**

2. 표준원가와 실제발생원가의 차이
   (1) 직접재료비 총차이(가격차이 + 수량차이) = 표준원가 − 실제원가
   = 1,300×₩6 − ₩8,050 = **₩250(U)**
   (2) 가공비 총차이 = 표준원가 − 실제원가
   = 1,240×₩10 − ₩12,960 = **₩560(U)**

[문 6] 표준원가차이분석

(1) 기준조업도 150단위, 기준노무시간 = 150×0.5 = 75시간

표준고정제조간접비 배부율 = $\frac{₩30,000}{75시간}$ = ₩400/시간

(2) 허용표준노무시간(x)

고정제조간접비 조업도차이 = (75 − x)×400 = ₩2,000(유리) ∴ x = 80시간

(3) 실제투입노무시간(AQ)재료수량차이

변동제조간접비 능률차이 = (AQ − 80시간)×₩600 = 6,000(불리) ∴ AQ = 90시간

(4) 직접노무비 실제임률(AP)

직접노무비 임률차이 = (AP − ₩1,000)×90시간 = ₩4,500(불리) ∴ AP = **₩1,050**

[문 7] 표준원가계산과 종합원가계산

1. ① 직접재료비 차이

	AP×AQ		SP×AQ(AM)		SP×AQ(BM)		SP×SQ	
A	5×20,000 =	100,000	4×20,000 =	80,000	4×35,000×3/5 =	84,000	4×5,800×3 =	69,600
B	5×15,000 =	75,000	5×15,000 =	75,000	5×35,000×2/3 =	70,000	5×5,800×2 =	58,000
계		175,000		155,000		154,000		127,600

가격차이 **20,000**(U) 배합차이 **1,000**(U) 수율차이 **26,400**(U)

능률차이 **27,400**(U)

② 직접노무비차이

AR×AH	SR×AH	SR×SH
6×13,000 = 78,000	5×13,000 = 65,000	5×5,480*×2 = 54,800

가격차이 **13,000**(U) 능률차이 **10,200**(U)

* 5,000 + 800×60% = 5,480

③ 변동제조간접비차이

AR×AH	SR×AH	SR×SH
100,000	8×13,000 = 104,000	8×5,480×2 = 87,680

소비차이 **4,000**(F)　　능률차이 **16,320**(U)

④ 고정제조간접비차이

실제발생원가	예산금액		변동예산	배부금액(SR_F×SH)
95,000	90,000	=	90,000	7×5,480×2 = 76,720

예산차이 **5,000**(U)　　조업도차이 **13,280**(U)

2. 원가계산표

(1)

	물량흐름	완성품환산량 재료비	완성품환산량 가공비
기초재공품	0		
당기착수량	5,800		
	5,800		
완 성 품	5,000	5,000	5,000
기말재공품	800(60%)	800	480
	5,800	5,800	5,480
(2) 완성품환산량단위당원가		₩22	₩40

(3) 원가배부

① 완 성 품 = 5,000×(₩22 + ₩40) = **₩310,000**

② 기말재공품 = 800×₩22 + 480×₩40 = **₩36,380**

₩346,800

[문 8] 표준종합원가계산 차이분석(AICPA 수정)

1. 완성품환산량

	[1단계] 물량의 흐름	[2단계] 완성품환산량 재료비	[2단계] 완성품환산량 가공비
기초재공품(40%)	2,500		
당기착수	10,000		
	12,500		
당기완성			
기초재공품	2,500	0	1,500
당기착수	8,000	8,000	8,000
기말재공품(40%)	2,000	2,000	800
	12,500	**10,000**	**10,300**

2. 원가차이분석

	실제	실제투입 · 표준가격	변동예산
	AQ×AP	AQ×SP	SQ×SP
직접재료비	₩121,000	11,000kg×10 =₩110,000	10,000개×1kg×10 =₩100,000

가격차이 **₩11,000**U　　능률차이**₩10,000**U

변동예산차이 ₩21,000U

직접노무비	₩105,575	25,000시간×4 =₩100,000	10,300개×2시간×4 =₩82,400

임률차이 **₩5,575**U　　능률차이 **₩17,600**U

변동예산차이 ₩23,175U

여기서 실제총제조간접비 = ₩31,930

허용된 표준투입시간에 대한 제조간접비의 변동예산 = ₩30,000

총제조간접비배부액 = 10,300개×2시간×1.25 = ₩25,750

따라서 2분법에 의한 제조간접비의 차이분석은 다음과 같다.

제조간접비 예산차이 = ₩31,930 − ₩30,000 = ₩**1,930**U

제조간접비 조업도 차이 = ₩30,000 − ₩25,750 = ₩**4,250**U

[문 9] 차이분석

직접재료비 분석

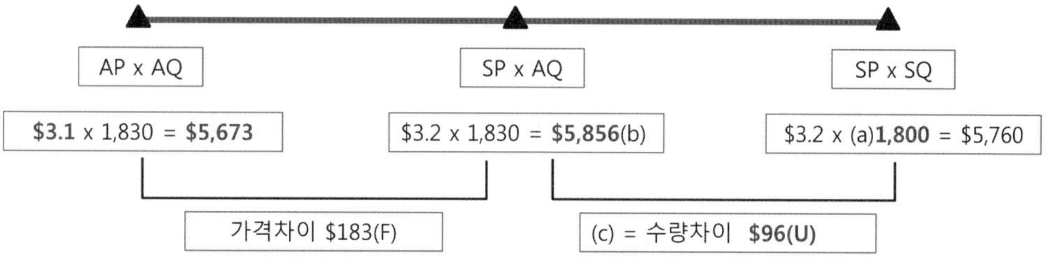

(a) 표준수량 = \$5,760 ÷ \$3.2 = ￡1,800
(b) 표준가격 x 실제수량 = \$3.2 x ￡1830 = \$5,856
(c) 수량차이 = \$5,856 - \$5,760 = \$96(U)

직접노무비 분석

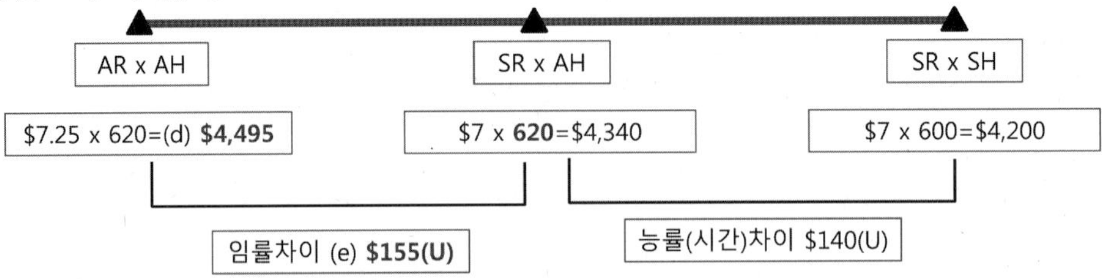

표준임률 x 실제시간 = $4,200+$140 = $4,340 = $7 x 실제시간
실제시간 = 620시간
(d) 실제총원가 = $7.25 x 620 = $4,495
(e) 임률차이 = $4,495 - $4,340 = $155(U)

변동제조간접비 분석

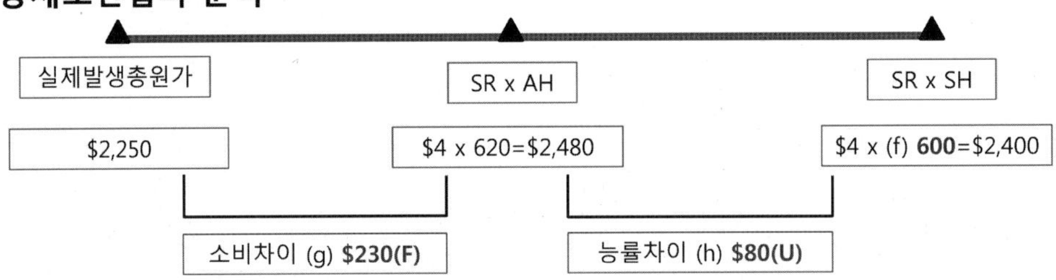

10 변동원가계산

단답식 개념문제

01. 고정제조간접비　02. 초변동　03. 자산, 크게

[문 1] 동의한다. 변동원가계산과 전부원가계산의 차이는 제품원가에 고정제조간접비가 포함되느냐 않느냐의 차이뿐이다. 즉 전부원가계산에서는 고정제조원가 제품원가로 간주되어 재고자산에 포함되는 (따라서 비용화되는 시점은 판매시점까지 이월되는) 반면에 변동원가계산에서는 발생 즉시 전액 기간비용으로 처리된다는 것이다.

[문 2] 재고자산평가방법상의 차이와 고정제조원가의 기간비용처리시점의 차이에 기인한 기간손익산정상의 차이이다.

[문 3] 전부원가계산하의 이익이다. 왜냐하면 전부원가계산하의 재고자산가액은 변동원가계산의 경우와 달리 고정제조원가를 포함한 높은 금액으로 계상되어 그만큼 매출원가가 낮게 계상되기 때문이다.

[문 4] 변동원가계산방식에 따라 계산되는 영업이익 수치가 판매활동의 성과와 같은 방향으로 변화하여 관리상 유용한 피드백정보를 제공하기 때문이다.

[문 5] ① 판매수량, ② 생산수량 그리고 ③ 고정간접제조비 배부율 계산을 위해 선택된 기준조업도

[문 6] 공헌이익기준 손익계산서

[문 7] 고정제조원가는 발생즉시 기간비용으로 처리되기 때문이다.

[문 8] 개별원가계산에서는 실제전부원가계산 방식으로 예정배부된 금액을 조정하는 것과 유사한 단계적 조정법을 주로 따르고 종합원가계산 상황에서는 고정제조원가 총액을 일괄적으로 기말재고자산과 매출원가에 배분하는 총괄조정법이 주로 채택된다.

[문 9] 변동제조원가만으로 제품원가를 산정하는 변동원가계산의 취지를 감안할 때, 직접

원가란 용어는 원가대상에의 추적가능성 여부에 초점을 둔 것이다. 직접원가가의 대부분이 변동원가인 것은 사실이지만, 변동원가 모두가 직접원가는 아니며 직접원가가 100% 변동원가는 아니기 때문이다. 일례로 공장소모품비와 같은 제조원가는 변동원가이지만 대표적인 간접원가(제조간접비)에 속한다. 또한 공장감독자 급료와 같이 직접원가인 동시에 고정비에 해당하는 원가는 변동원가계산에서 제외된다. 그러나 직접원가계산이라는 명칭은 마치 이들 원가가 제품원가에 포함되는 것으로 오해를 불러일으킬 수 있다.

[문10] 동의한다. 생산량이 판매량보다 클 경우, 고정제조간접비 일부가 기말재고에 유보되기 때문에 전부원가계산에는 영업이익이 기말재고에 포함된 고정제조간접비만큼 커지게 된다.

연습문제

객관식

[문 1] ⑤

[문 2] ④

변동원가계산에 의해 가격을 결정한다는 것은 단위당 변동원가만을 회수할 수 있도록 단위당 판매가격을 결정한다는 것이고, 판매량이 충분하지 못하다면(손익분기점판매량 미만) 고정비를 회수하지 못할 수 있다.

[문 3] ④

판매량과 이익이 비례해야 한다는 개념에서는 변동원가계산방식이 타당

[문 4] ①

기초재고에 포함된 고정제조원가가 전부원가계산에서만 이번기 기간비용으로 처리된다.

[문 5] ④

- 생산량과 판매량이 동일하면 전부원가계산방식의 이익과 변동원가계산방식의 이익이 동일하게 나타난다.
- 생산량이 판매량보다 큰 경우 전부원가계산방식은 재고자산이 변동원가계산방식의 재고자산보다 커지게 되어 이익이 크게 나타난다.
- 생산량이 판매량보다 적은 경우 전부원가계산방식은 재고자산이 변동원가계산방식의 재고자산보다 적게 되어 이익이 적게 나타난다.

[문 6] ③

₩1,350,000 = (2,000 − 1,300) × X 단위 − 400,000　　X = 2,500단위

[문 7] ①

단위당변동제조원가 : ₩5,000,000/100,000단위 = ₩50/단위당

₩12,000,000 − 80,000단위 × ₩50 − ₩3,500,000 − ₩1,500,000 − ₩2,000,000
= ₩1,000,000

[문 8] ④

변동원가계산에 의한 영업이익은 생산량에 영향을 받지 않는다.
(₩1,000 − 500) × 84,200단위 − (₩12,450,000 + 7,280,000) = ₩22,370,000

[문 9] ③

변동원가계산하의 영업이익	× × ×
(−) 기 초 재 공 품 재 고 액	(−) ₩1,200,000
(−) 기 초 제 품 재 고 액	(−) 900,000
(+) 기 말 재 공 품 재 고 액	(+) 900,000
(+) 기 말 제 품 재 고 액	(+) 400,000
전부원가계산하의 영업이익	× × ×

[문10] ①

매출액	p×19,000개
변동원가	
변동매출원가	₩19,000,000
기초재고액	2,000개 × ₩1,000 = 2,000,000
당기제조원가	18,000개 × ₩1,000 = 18,000,000
기말재고액	1,000개 × ₩1,000 = 1,000,000
공헌이익	p × 19,000개 − 19,000,000
고정제조간접비	3,000,000
영업이익	6,000,000

매출액 − ₩19,000,000 − 3,000,000 = ₩6,000,000

매출액 = ₩28,000,000

매출액	₩28,000,000
매출원가	21,850,000
기초재고액	2,000개 × ₩1,150 = 2,300,000
당기제조원가	18,000개 × ₩1,150 = 20,700,000
기말재고액	1,000개 × ₩1,150 = 1,150,000
불리한 조업도 차이	2,000개 × 150 = 300,000
매출총이익	5,850,000

고정제조간접비 배부율 = ₩3,000,000/20,000개 = ₩150

[문11] ②

매출액	10×80,000개=₩800,000
변동원가	400,000
변동매출원가	(2+1.25+0.75)×80,000개=320,000
변동 판매관리비	1×80,000개=80,000
공헌이익	400,000
고정제조간접비	120,000
고정판매관리비	70,000
영업이익	210,000

[문12] ④

매출액	₩800,000
매출원가	416,000
기초재고액	0
당기제조원가	100,000개×5.2=520,000
기말재고액	20,000개×5.2=**104,000**
매출총이익	384,000
변동판매관리비	80,000
고정판매관리비	70,000
영업이익	**234,000**

고정제조간접비 배부율=₩120,000/100,000개=₩1.2

[문13] ④

① 정상원가계산에 의한 총변동제조원가

주요원가 ₩170,000
변동제조원가 410,000(=20,500시간×₩20)
(실제조업도=₩471,500÷23=20,500시간)
계 ₩580,000

② 예산생산량 600개에 대한 예산총변동제조원가

실제생산량=20,500시간÷41시간=500개
단위당 주요원가(표준)=₩150,000÷500개=₩300

주요원가 ₩180,000(=600개×₩300)
변동제조원가 480,000(=24,000시간×₩20)
계 ₩660,000

③ 변동제조간접원가 총차이

실제발생액(₩471,500) − SQ×SP(₩400,000)
=₩71,500(불리)

④ 변동제조간접원가 능률차이

SR×AH	SR×SH
₩20×20,500시간=₩410,000	₩20×20,000시간 =₩400,000

능률차이 10,000(불리)

⑤ 주요원가의 변동예산차이

₩170,000 - ₩150,000 = ₩20,000(불리)

주관식

[문 1] 변동원가계산하의 영업이익계산(I)

• 전부원가계산하의 영업이익	₩1,000,000
• (−) 기말제품재고자산에 포함된 고정제조간접비	(600,000)
• (+) 기초재품재고자산에 포함된 고정제조간접비	700,000
• (−) 기말재공품재고자산에 포함된 고정제조간접비	(500,000)
• (+) 기초재공품재고자산에 포함된 고정제조간접비	240,000
변동원가계산하의 영업이익	**₩840,000**

[문 2] 변동원가계산하의 영업이익계산(II)

1.

변동원가계산하의 손익계산서			
Ⅰ. 매출액	1,500개×₩1,800 =		₩2,700,000
Ⅱ. 변동비			
1. 변동매출원가	1,500×700 =	1,050,000	
2. 변동판매비	1,500×200 =	300,000	1,350,000
Ⅲ. 공헌이익			1,350,000
Ⅳ. 고정비			
1. 제조간접비		300,000	
2. 판매관리비		200,000	500,000
Ⅴ. 영업이익			**₩850,000**

2. - 단위당 고정제조간접비 : ₩300,000÷2,000개=₩150/개

- 기말재고수량을 x라 하면

변동원가계산하의 순이익	π
기말재고자산 고정제조간접비	(+)₩150 × x
기초재고자산 고정제조간접비	(−) 0
전부원가계산하의 순이익	π+300,000

∴ x (기말재고수량) = 2,000개

- 기말재고량이 2,000단위라는 것은 연간 총생산량이 2,000단위이므로 판매량이 0이라는 의미이다.

[문 3] 변동원가계산 대 전부원가계산(종합원가계산)

- 기초재고자산에 포함된 단위당 고정제조간접비 :
  ₩1,600,000/8,000단위＝₩200
- 기말재고자산에 포함된 단위당 고정제조간접비 :
  ₩1,620,000/9,000단위＝₩180

• 변동원가계산하의 영업이익		π
• (+) 기말재고자산에 포함된 고정제조간접비	0개×₩180＝	0
• (−) 기초재고자산에 포함된 고정제조간접비	−1,000개×₩200＝	(200,000)
		₩1,000,000

∴ π＝ **₩1,200,000**

[문 4] 변동원가계산과 전부원가계산의 영업이익 비교

계정별 물량의 흐름

원재료

2,000kg	11,000kg
12,000	3,000
14,000kg	14,000kg

재 공 품

	500 개	21,750
11,000kg÷0.5＝	22,000	750
	22,500 개	22,500

제 품

850 개	22,000 개
21,750	600
22,600 개	22,600 개

1.

손익계산서(전부원가계산)

Ⅰ. 매출액	22,000개×₩10,000＝		₩220,000,000
Ⅱ. 매출원가			
1. 기초제품재고액	850×5,550＝	4,717,500	
2. 당기제품제조원가	21,750×5,550＝	120,712,500	
3. 기말제품재고액	600×5,550＝	3,330,000	122,100,000
Ⅲ. 매출총이익			97,900,000
Ⅳ. 판매비와 관리비			0
Ⅴ. 영업이익			97,900,000

2.

손익계산서(변동원가계산)			
Ⅰ. 매출액	22,000개×₩10,000 =		₩220,000,000
Ⅱ. 변동비			
1. 변동매출원가	22,000×5,000 =	110,000,000	
2. 변동판매비와관리비		0	110,000,000
Ⅲ. 공헌이익			**110,000,000**
Ⅳ. 고정비			
1. 제조간접비	21,800*×550 =	11,990,000	
2. 판매비와관리비		0	11,990,000
Ⅴ. 영업이익			**98,010,000**

* 단위당 고정제조간접비가 ₩550이라는 말은 완성품환산량 단위당 고정제조간접비가 ₩550이라는 말이다.

따라서 가공비 완성품환산량 = 500×50% + 21,250×100% + 750×40% = 21,800개이다.

3.

Ⅰ. 변동원가계산하의 당기순이익		₩98,010,000
Ⅱ. 기말재고자산에 포함된 고정제조간접비		
1. 재공품 : 750×0.4×550 =	₩165,000	
2. 제　품 : 600×550 =	330,000	495,000
Ⅲ. 기초재고자산에 포함된 고정제조간접비		
1. 재공품 : 500×0.5×550 =	137,500	
2. 세　품 : 850×550 =	467,500	(605,000)
Ⅳ. 전부원가계산하의 순이익		97,900,000

[문 5] 전부원가계산과 변동원가계산의 비교(Ⅰ)

1. 전부원가계산하의 매출원가

직접재료비 재고	
	24,000

미지급임금	
	80,000

변동제조간접비	
19,200	19,200

고정제조간접비	
120,000	120,000

재공품 재고	
24,000	243,200
80,000	
19,200	
120,000	
−0−	

완성품 재고	
−0−	
243,200	228,000
15,200	

매출원가	
228,000	

• 전부원가계산하의 영업이익 = ₩60×7,500 − ₩228,000 − ₩24,800 − ₩110,000

= **₩87,200**

2. 변동원가계산하의 매출원가

직접재료비 재고	
	24,000

미지급임금	
	80,000

변동제조간접비	
19,200	19,200

고정제조간접비	
120,000	

재공품 재고	
24,000	123,200
80,000	
19,200	

완성품 재고	
−0−	115,500
123,200	
7,700	

매출원가	
115,500	

• 변동원가계산하의 영업이익 = ₩60×7,500 − ₩115,500 − ₩120,000 − ₩24,800 − ₩110,000

= **₩79,700**

[문 6] 전부원가계산하의 CVP분석

• 예상생산량 10,000개 기준으로 단위당 고정제조간접비가 ₩100이므로 예산고정제조간접비총액은 ₩1,000,000이다. 따라서 11,000개 생산시 단위당 고정제조간접비는 $\frac{1,000,000}{11,000}$이다.

• 단위당 공헌이익 = ₩3,000 − ₩2,000 = ₩1,000

고정제조간접비 = ₩1,000,000

전부원가계산하의 손익분기점을 X라 하자.

$$X = [FC + \text{단위당 고정제조간접비}(X - \text{생산량})] / \text{단위당 공헌이익}$$

$$= \frac{[2,000,000 + 100(X - 11,000)]}{1,000}$$

$900X = 900,000$, $\therefore X =$ **1,000개**

<검증> I/S(전부원가계산)

Ⅰ. 매　　　출	₩3,000,000
− Ⅱ. 매 출 원 가	1,600,000
Ⅲ. 매 출 총 이 익	1,400,000
− Ⅳ. 판매및관리비	1,500,000
± Ⅴ. 조업도차이(F)	100,000
Ⅵ. 영 업 이 익	0

* 조업도차이 = (11,000 − 10,000)×100 = 100,000

[문 7] 고정예산과 변동예산 비교

(1) 2월초 종합예산 총제조원가

예상조업도 780노무시간, 예상생산량 260단위=780시간/3시간

직접재료비	=260×10kg×₩50	=	₩130,000
직접노무비	=260×3시간×₩250	=	195,000
변동제조간접비	=780시간×₩120	=	93,600
고정제조간접비		=	132,600
합계			**₩551,200**

(2) 2월말 변동예산 총제조원가

실제생산량 240단위

직접재료비	=240×10kg×₩50	=	₩120,000
직접노무비	=240×3시간×₩250	=	180,000
변동제조간접비	=720시간×₩120	=	86,400
고정제조간접비		=	132,600
합계			**₩519,000**

[문 8] 전부원가계산과 변동원가계산

- 전부원가계산하의 1월 고정제조간접비 배부율=₩180,000÷900대=₩200
  2월 고정제조간접비 배부율=₩200,000÷800대=₩250
- 2월 기초제품재고수량=900대−800대=100대
  2월 판매량을 *X*라 하고, 단위당 판매가격을 *P*라고 하자.
- 전부원가계산하의 영업이익=변동원가계산하의 영업이익+₩20,000
  $X \times P-[100$대 $\times$ ₩$200+(X-100$대$) \times$ ₩$250]=X \times P-$₩$200{,}000+$₩$20{,}000$
  $X=740$대

∴ 2월말 제품재고수량=100대+800대−740대=**160대**

[문 9] 전부원가계산과 변동원가계산과의 비교(Ⅱ)

1. 전부원가계산방식하의 월간 손익계산서

	7월	8월
Ⅰ. 매출액	₩18,000	₩28,000
Ⅱ. 매출원가	13,300 *	15,500 *
Ⅲ. 매출총이익	4,700	12,500
Ⅳ. 판매비와관리비	3,800 **	4,800 **
Ⅴ. 영업이익	₩ 900	₩ 7,700

*

	7월	8월
기초재고	₩2,800	₩4,500
+당기제조	15,000	20,000
-기말재고	(4,500)	(9,000)
매출원가	₩13,300	₩15,500

**

	7월	8월
고정비	₩2,000	₩2,000
변동비	1,800	2,800
계	₩3,800	₩4,800

2. 변동원가계산방식하의 월간 손익계산서

	7월	8월
Ⅰ. 매출액	₩18,000	₩28,000
-Ⅱ. 변동비	6,300 *	9,800 *
Ⅲ. 공헌이익	11,700	18,200
-Ⅳ. 고정비	12,000	12,000
Ⅴ. 총영업이익	₩ (300)	₩ 6,200

* 변동제조원가(단위당 ₩50)+변동판매비(단위당 ₩20)

11 전략적 원가관리(I): 품질코스팅 및 ABM

단답식 개념문제

01. 가치사슬분석, 자리매김, 원가동인 02. 예방, 평가, 내부, 외부, 외부
03. 제조사이클효율 04. 전사적 품질경영

[문 1] 품질코스팅은 품질코스트의 측정을 다루는 것 또는 품질관리활동과 관련하여 발생되는 제반비용을 기간비용으로 간주함으로써 야기될 잠재적 관리불량 등 경영상의 제문제점을 계량적으로 파악하고 경영자로 하여금 이에 대한 대책을 강구하여 기업의 이익증진에 공헌하는 기법을 말한다.

[문 2] 전통적인 품질접근방식은 불량품질을 작업자의 문제로 간주하고 품질검사강화의 방법으로 해결하고자 하는 소위 '先생산後재작업'방식이다. 이러한 전통적 방식을 따를 경우 불량품으로 인해 야기되는 공장전체의 혼란과 더불어 공장내 대부분의 공간이 재작업대상의 불량품처리를 위해 사용됨을 강조하기 위해 Miller와 Vollman은 '숨겨진 공장'이란 용어를 고안하였다.

[문 3] 전사적 품질경영은 품질에 기초하여 고객만족을 꾀하는 경쟁우위를 유지하고자 하는 것이다. 이의 특징은 ① 제로 불량률의 추구, ② 제조가능성의 고려, ③ 20/80룰, ④ 경영자/종업원의 몰입 그리고 ⑤ 고객참여를 통한 욕구반영이다.

[문 4] 공급자 평가, 설비수선, QC서클운영 및 교육 · 훈련에 따른 비용 등

[문 5] 내부실패코스트는 소비자에게 인도되는 시점 이전에 발생하는 실패코스트를, 외부실패코스트는 고객인도 이후에 발생하는 실패코스트를 말한다.

[문 6] 공급자 성과, 공장생산부문의 성과, 고객성과

[문 7] 전자의 경우는 예방 및 평가비용이고 후자는 실패비용이다. 예방 및 평가비용 지출은 파상효과를 가져와 실패비용 지출을 감소시키기 때문이다.

[문 8] 품질관련활동에 관한 코스트 정보를 체계적으로 종합함으로써 기업목표 달성의 정도에 대한 파악과 개선방안 강구를 가능하게 한다.

[문 9] ABM이란 ABC를 이용하여 조직의 제반 운영활동을 개선하는 것을 의미한다. ABC가 원가를 발생시키는 장본인인 활동에 초점을 맞추어 보다 인과관계에 충실한 원가를 계산하는 데 초점을 맞추는 것에 비해 ABM은 활동을 관리함으로써 원가를 절감시키는 것에 초점을 맞춘다.

[문10] 규모, 범주, 경험, 복잡성 등으로 장기적으로 기업의 구조적인 특징을 좌우하지만 "반드시 많다고 해서 좋은 것은 아니다"로 규정할 수 있는 변수들을 지칭한다. 가령, 규모나 범주도 어느 정도까지는 증가하는 것이 바람직하지만(일명, 규모의 경제, 범주의 경제가 발휘됨) 지나치게 커질 경우 부정적인 효과(즉, 규모의 불경제, 범주의 불경제)가 발생한다. 경험 또한 마찬가지이다. 즉, 대개 경험이 많은 것이 장점이 되지만 지나친 경험은 자칫 변화를 꺼리게 되어 혁신의 걸림돌이 되기도 한다. 복잡성 역시 구조적 원가동인의 일종이다. 어느 정도의 복잡성은 제품구색을 통한 마케팅효과 등을 감안할 때 필요하다. 그러나 지나친 복잡성은 (품질문제나 제조지연 등) 제조상의 문제 등을 초래하여 오히려 기업에게 해가 될 수 있다. 참고로 구조적 원가동인에 대조되는 실행적 원가동인은 주어진 구조적 원가동인에서는 보다 많은 것이 항상 좋다는 소위 기업성과와 같은 방향으로 움직이는 특성을 갖는다.

[문11] 이러한 예로는 자재보관 및 유지, 긴급자재처리, 자재이동, 재작업, 검사/확인 등이 있다. 대표적인 예로는 일정수립(scheduling)을 꼽을 수 있다. 이러한 활동은 효용을 증가시키는 것으로 인식하지 못하는 비부가가치활동(즉, 반복한다고 해서 가치가 늘어나는 것은 아닌 것)에 해당하지만 언제, 어느 제품을 생산할 것인가와 같은 계획수립은 불가피하다. 이런 회피불가능한 비부가가치적 활동은 최대한 단시간에 작은 인력으로 즉, 효율적으로 수행하도록 관리해야 한다. 마치 대학교에서 수강신청 및 변경 등의 프로세스가 가능한 단순하면서 적은 시간과 노력으로 수행되어야 하는 것처럼 말이다.

연습문제

객관식

[문 1] ③

[문 2] 5, 7번을 제외한 모든 활동은 비부가가치활동이다.

[문 3] 1. H, 2. B, 3. A, 4. D, 5. F, 6. E, 7. C, 8. G

[문 4] ②

[문5] ①

일반적으로 원재료 검사비용은 평가원가로 분류한다.

[문6] ①

[문7] ④

[문8] ④

제조사이클시간(스루풋 시간)은 공정시작에서 완료시까지 시간을 말함. 따라서 생산 전 대기시간 4시간은 포함되지 않는다.

[문9] ③

$$\text{제조사이클 효율} = \frac{\text{공정시간}}{\text{제조사이클시간}} \times 100 = \frac{6}{12} \times 100 = 50\%$$

[문10] ③

제조사이클 효율이 50%이므로 총 생산시간의 50%는 비부가가치활동에 소비된 것이다.

[문11] ④

[문12] ③

ABC는 원가파악에 ABM은 원가관리에 초점을 맞춘다.

[문13] ④

[문14] ①

오류가 수정된 품질원가보고서

구 분		품질원가
내부실패원가	불량품재작업	₩20,000
예방원가	예상설비점검	20,000
	설계엔지니어링	20,000
평가원가	제품검사	30,000
	재공품검사	20,000
외부실패원가	반품재작업	40,000
	보증수리원가	100,000
	클레임 제기로 인한 추정 손해배상액	200,000
계		₩450,000

[문15] ⑤

(1) 활동원가 배부율

$$\text{기계절삭작업} : \frac{₩100,000}{10,000\text{시간}} = ₩10/\text{시간}$$

$$\text{조립작업} : \frac{₩80,000}{2,000\text{시간}} = ₩40/\text{시간}$$

$$\text{품질검사} : \frac{₩40,000}{40\text{회}} = ₩1,000/\text{회}$$

(2) 제품별 활동원가 배부액

구분	제품 A	제품 B	제품 C
기계절삭	₩10×2,240시간 =₩22,400	₩10×3,380시간 =₩33,800	₩10×4,380시간 =₩43,800
조립작업	₩40×330시간 =₩13,200	₩40×660시간 =₩26,400	₩40×1,010시간 =₩40,400
품질검사	₩1,000×12회 =₩12,000	₩1,000×13회 =₩13,000	₩1,000×15회 =₩15,000
합계	**₩47,600**	**₩73,200**	**₩99,200**
÷개수	1,500개	1,000개	500개
단위당 원가	**@31.73**	**@73.20**	**@198.40**

[문16] ① 낭비, 재가공, 폐품원가는 내부실패원가에 해당한다.

[문17] ③ ABC에서는 일반적으로 미사용된 자원까지를 제품원가에 포함시킨다. 이런 약점을 보완하기 위해 등장한 것이 TDABC이다.

주관식

[문 1] 품질코스트+비재무적 품질측정치

1. 2.

스무디 품질원가

매출액=₩2,000×10,000단위=₩20,000,000

품질원가	원 가	매출액 비율
예방원가: 설계공학(₩75×6,000시간)	₩450,000	2.25%
평가원가: 시험 및 검사(₩40×1시간×10,000단위)	400,000	2.00
내부실패원가: 재작업(₩500×5%×10,000단위)	250,000	1.25
외부실패원가: 수선(₩600×4%×10,000단위)	240,000	1.20
총품질원가	₩1,340,000	6.70

콰이티 품질원가

매출액=₩1,500×5,000단위=₩7,500,000

품질원가	원 가	매출액 비율
예방원가: 설계공학(₩75×1,000시간)	₩75,000	1.00%
평가원가: 시험 및 검사(₩40×0.5시간×5,000단위)	100,000	1.33
내부실패원가: 재작업(₩400×10%×5,000단위)	200,000	2.67
외부실패원가: 수선(₩450×8%×5,000단위)	180,000	2.40
판매손실에 따른 추정공헌이익(₩1,500−₩800)×300	210,000	2.80
총외부실패원가	390,000	5.20
총품질원가	₩765,000	10.20

3. 스무디의 매출액 대비 품질원가율(6.70%)과 비교해 볼 때 콰이티의 품질원가율(10.20%)은 상당한 차이를 보인다. LG전자는 콰이티에 대해서 매우 낮은 예방 및 평가활동을 수행해 높은 내부 및 외부실패를 야기하였다. 이와는 반대로 스무디에 대해서는 반대의 전략을 실행하여 결과적으로 콰이티와 비교할 경우 낮은 내부 및 외부실패원가 그리고 매출액 대비 낮은 품질원가율을 보인다.

4. LG전자가 감시해야 할 비재무적 품질측정치의 예는 다음과 같다.
   (1) 각 제품의 품질수율
   (2) 각 제품의 반품률
   (3) 적시배달
   (4) 종업원 이직률

[문 2] 품질원가보고서에 의한 관리

1. 품질원가를 이해하는 가장 좋은 틀은 이를 네 가지의 범주로 나누는 것이다. 이 네 가지 범주는 예방원가, 평가원가, 내부실패원가 및 외부실패원가이다.
   - **예방원가**는 기업이 품질기준에 맞는 제품을 생산하도록 미리 조치하기 위해서 발생한다. 품질엔지니어링, 품질유지방법에 대한 종업원의 훈련, 통계적 공정통제 등이 예방원가의 예이다. 결함이 없는 부품과 재료를 공급할 수 있도록 납품업자를 훈련시키고 인증하는 것도 예방원가이다.
   - **평가원가**는 흔히 제품이 내부 또는 외부 고객의 요구에 적합한가를 확인하기 위해 제품을 검사하는 것과 관련된 원가이다. 구입한 부품/재료에 대한 검사와 조립라인에서의 품질검사원가가 평가원가로 간주된다. 납품되는 재료의 검사와 검사에 사용되는 기구의 유지, 그리고 과정의 통제와 감독 등이 예이다.
   - **내부실패원가**는 생산공정에서 불량부품이나 불량제품을 발견했을 때 발생하는 원가이다. 공정의 한 단계에서 다음 단계로 이동될 때 발견되는 결합으로 생산이 중단되면서 발생하는 원가는 내부실패원가의 한 가지 예이다. 이는 또한 폐기처리와 재가공을 포함한다.
   - **외부실패원가**는 고객이 제품을 인도받고 나서 결함이 발견되는 데 관련된 원가이다. 결함을 교정하는 데 발생하는 제원가들 — 제품수리, 품질보증, 서비스를 위한 방문, 제품회수 등 — 이 외부실패원가의 예이다. 많은 회사에서 제거해야 하는 가장 치명적인 원가는 품질원가이다. 외부실패로 인해 단기적으로는 문제를 해결하는 데 원가가 발생하며 장기적으로 평판과 고객의 만족에 치명적인 손상을 받을 수 있다.

2. 이 문제에 대한 해결책은 교과서에서 충분히 다루어지고 있지 않다. 교육관은 다음 사항을 참고로 해결책을 제시할 수 있다. 각 범주를 관리하는 데 필요한

사항은 (1) 기업이 수행하는 공정과 활동에 대한 친숙한 지식, (2) 각 범주별 품질 원가를 통제할 수 있는 현장메커니즘의 지식, (3) 아직까지 발생된 원가수준의 역사, (4) 지속적 원가통제를 근거로 한 장·단기 계획

3. 기업은 먼저 예방원가통제에 신경을 써야 한다. 왜냐하면 예방하는 데 사용한 1원의 가치는 치료하는 데 사용한 100원 가치와 동등하기 때문이다. 다시 말하면 공정이 잘 설계되어 있는지, 통제는 잘 되고 있는지, 종업원들이 잘 이해하고 있는지 등의 사항을 관리하면 다른 세 가지 품질원가를 최소화할 수 있다. 다양한 검사형태의 형식으로 나타나는 평가원가는 공정의 보호와 입수재료의 품질을 결정하는 데서 발생한다. 만약 예방 및 평가원가가 통제가 되면 (적어도 이론상으로는) 내부실패원가도 통제가 되기 마련이다. 예를 들어, 엔지니어가 생산공정의 어떤 개별적 부분을 추정하면 결함원가는 결함이 발견되지 않은 각 단계의 금액규모 순서로 커지게 된다. 그래서 제1단계에서 결함이 발견되어 1원의 추가적인 비용으로 10원의 스크랩을 예방할 수 있는 전자부품이, 제2단계에서는 100원의 추가적인 금액이 들게 되며, 가령 결함이 발견되지 않은 채 몇 단계를 거치게 되면 10,000원의 추가적인 금액이 소요될 수도 있다. 외부실패원가는 이전의 세 가지 품질원가가 통제가능할 때 최소화될 수 있다. 가령 제품관련 법적 소송 같은 외부실패원가의 비용은 매우 높으면 기업은 앞선 세 가지 품질원가 관리에 실패했다고 할 수 있다.

[문 3] MCE(제조사이클효율)

재배치 전 MCE = [70÷(70 + 30 + 45 + 55)]
= 70÷200
= 0.35

재배치 후 MCE = [30÷(30 + 15 + 10 + 20)]
= 30÷75
= 0.40

재배치 후의 MCE의 향상률은 **14.3%**(= (0.4 − 0.35)/0.35)이다. 따라서 재배치 후의 MCE 향상률은 TV사업부 책임자가 요구하는 수준 12%를 초과한다.

[문 4] ABM(활동기준원가관리): 부가가치활동 vs 비부가가치활동

[풀이] 핵심은 비부가가치활동이 무엇인지를 파악하고 이와 관련된 원가를 계산하는 것이다.

1.

	A형(일반)	B형(보급)	C형(고급)
1. 부가가치활동(batch당)			
생산작업(성형부문)	500,000	600,000	800,000
생산작업(패브릭부문)	600,000	800,000	1,000,000
조립작업(조립부문)	500,000	750,000	1,000,000
포장작업(포장부문)	300,000	400,000	500,000
소 계	**1,900,000**	**2,550,000**	**3,300,000**
2. 비부가가치활동(batch당)			
셋업(성형부문)	400,000	500,000	600,000
이동(성형부문)	100,000	100,000	100,000
셋업(패브릭부문)	150,000	175,000	190,000
이동(패브릭부문)	100,000	100,000	100,000
이동(조립부문)	100,000	100,000	100,000
소 계	**850,000**	**975,000**	**1,090,000**
총 계	**2,750,000**	**3,525,000**	**4,390,000**

2. 제품유형별 단위당 원가

핵심은 100개 배치 크기당 셋업 원가와 작업 원가를 감안하여 총생산에 필요한 총원가를 계산하는 것이다. 자료에 따르면 A제품은 100회(10,000/100)의 셋업이, B제품은 50회 그리고 C제품은 40회의 셋업이 필요하다.

	A형(일반)	B형(보급)	C형(고급)
생산량	10,000개	5,000개	4,000개
Batch 수(100개 묶음)	100개	50개	40개
①총직접재료비	₩1,500,000×100개 =**₩150,000,000**	₩1,700,000×50개 =**85,000,000원**	₩2,500,000×40개 =**100,000,000원**
②부가가치활동			
생산작업(성형부문)	₩500,000×100개 =₩50,000,000	₩600,000×50개 =₩30,000,000	₩800,000×40개 =₩32,000,000
생산작업(패브릭부문)	600,000×100 =60,000,000	800,000×50 =40,000,000	1,000,000×40 =40,000,000
조립작업(조립부문)	500,000×100 =50,000,000	750,000×50 =37,500,000	1,000,000×40 =40,000,000
포장작업(포장부문)	300,000×100 =30,000,000	400,000×50 =20,000,000	500,000×40 =20,000,000
소 계	**190,000,000**	**127,500,000**	**132,000,000**
③비부가가치활동			
셋업(성형부문)	400,000×100 =40,000,000	500,000×50 =25,000,000	600,000×40 =24,000,000

이동(성형부문)	100,000×100 =10,000,000	100,000×50 =5,000,000	100,000×40 =4,000,000
셋업(패브릭부문)	150,000×100 =15,000,000	175,000×50 =8,750,000	190,000×40 =7,600,000
이동(패브릭부문)	100,000×100 =10,000,000	100,000×50 =5,000,000	100,000×40 =4,000,000
이동(조립부문)	100,000×100 =10,000,000	100,000×50 =5,000,000	100,000×40 =4,000,000
소　계	**85,000,000**	**48,750,000**	**43,600,000**
총원가 합계 (=①+②+③)	**290,000,000**	**261,250,000**	**275,600,000**
단위당 원가	290,000,000/10,000 =**29,000**	261,250,000/5,000 =**52,250**	275,600,000/4,000 =**68,900**

3. 배치 크기가 100인 경우의 총 셋업원가는 ₩120,350,000(=40,000,000+15,000,000+25,000,000+8,750,000+24,000,000+7,600,000)이다. 배치 크기가 500으로 늘어나면 셋업 및 작업회수가 줄어들어 총원가는 ₩96,280,000만큼 줄어든다. 핵심은 배치 크기 증가로 인해 셋업수는 제품별로 각각 80회(A제품), 40회(B제품), 32회(C제품) 줄어든다. 또한 제품별 배치당 셋업원가는 각각 A제품은 550,000(400,000+150,000), B제품은 675,000(500,000+175,000), C제품은 790,000(600,000+190,000)이다. 따라서 총원가절감액은 다음과 같이 **₩96,280,000**(=44,000,000+27,000,000+25,280,000)으로 계산된다.

	A형(일반)	B형(보급)	C형(고급)
생산량	10,000개	5,000개	4,000개
Batch 수(100개 묶음)	100개	50개	40개
Batch 수(500개 묶음)	20개	10개	8개
절감된 batch 수(A)	80개	40개	32개
Batch당 셋업원가(B)	₩550,000	₩675,000	₩790,000
절감된 셋업원가(=A×B)	₩44,000,000	₩27,000,000	₩25,280,000

배치 크기가 가져 오는 원가절감은 셋업 활동뿐이다. 작업 및 이동활동은 생산량에 정비례하기 때문이다. 다만 배치 크기가 늘어나도 기존 셋업 요원이나 추가 설비 없이도 가능한지는 체크대상이다.

4. 자동화기기 도입으로 인해 회피가능한 활동원가에는 셋업활동뿐만 아니라 타부문으로의 이동원가도 포함된다. 따라서 총 회피가능 활동원가는 문제2 해답에서 구한 비부가가치 활동의 총원가인 **₩177,350,000**(=85,000,000 + 48,750,000 + 43,600,000)이다.

[문 5] 미사용 활동원가와 ABM

구분	제품 X	제품 Y	합계
생산량①	1,250개	800개	
생산묶음 크기②	25개	10개	
생산준비횟수(=①÷②)	50회	80회	130회

(1) 미사용활동원가를 제외할 경우

제품 X에 배부된 생산준비활동원가 = $\frac{₩1,690,000}{130회}$ ×50회 = ₩650,000

생산준비활동원가 배부율 = $\frac{₩1,690,000}{130회}$ = ₩13,000/회

(2) 미사용활동원가(a)를 포함할 경우

제품 X에 배부된 생산준비활동원가 = ₩650,000 + ₩100,000

= $\frac{₩1,690,000 + a}{130회}$ ×50회

∴ a = ₩260,000

(3) 연간 최대 생산준비횟수 = $\frac{₩1,690,000 + ₩260,000}{₩13,000/회}$ = **150회**

[문 6] 품질코스팅

1. 원재료의 수량과 완성된 제품의 수량이 2 : 1의 관계이므로 이의 적절한 활용이 핵심임.
   1) 현행 평가비용 ₩1,000,000
   2) 새로운 방법의 평가비용 ₩1,050,000

새로운 방법 도입시 원가절감액		
• 고정평가비용	₩100,000	
• 변동비용(₩200,000×2)	400,000	500,000
새로운 방법 도입시 추가비용		
• 훈련비용	150,000	
• 장비임차비용	400,000	550,000

   3) 순변화액 : **₩50,000** 증가

2. 내부실패원가 (200,000÷2)×0.1×₩400 = ₩4,000,000
   새로운 방법으로 인한 20% 감소 × 20%
   원가절감액 **₩800,000**

(주) 200,000÷2를 통해 제품수량을 구한 후 재작업대상을 계산한다.

3. 외부실패원가 (200,000÷2)×0.02×₩1,000 =	₩2,000,000
새로운 방법으로 인한 60% 감소	× 60%
원가절감액	**₩1,200,000**

12 전략적 원가관리(II) : 타겟코스팅 및 수명주기원가계산

단답식 개념문제

01. 타겟코스팅 02. 수명주기(LCC) 03. 손익분기시간(BET) 04. 카이젠

[문 1] 동의한다.
원가관리는 기업의 장 · 단기 계획과 통제기능의 수행의 결과로 원가관련요소가 바람직한 방향으로 이루어지게 행해지는 경영자를 내포한 모든 관련된 사람들의 활동이라고 할 수 있다. 한편, 회계시스템은 다양한 내부의사결정이나 업무수행에 관한 적절한 정보를 제공하는 내부보고시스템과 기업의 성과를 이해관계자에게 제공하는 외부보고시스템을 포괄하는 정보시스템이다. 따라서 회계시스템 그 자체는 원가관리라기보다는 다만 원가관리를 지원한다. 구체적으로 회계시스템은 원가관리를 실행함에 필요한 정보를 제공하는 것이다.

[문 2] 손익분기시간(BET)

[문 3] ① BET는 현금유출액이 발생하는 시점에 상관없이 투자안의 탄생시점에서 기간을 계산한다. 그러나 회수기간법은 최초 현금유출액이 이루어진 때부터 기간을 측정한다.
② BET는 현금유입액과 현금유출액을 누적할 때 화폐의 시간가치를 고려하지만 회수기간법은 일반적으로 화폐의 시간가치를 고려치 않는다.

[문 4] 최근 경쟁환경하에서 출시기간의 단축이 최대 과제로 부각되었기 때문이다. 애플과 삼성의 스마트폰 출시 시기에 따른 선점효과를 생각하면 쉽게 이해할 수 있다.

[문 5] 아이디어 태동시점부터 관련 당사자들이 팀워크를 통해 수익성이 강한 제품을 단기간에 개발하고 출시하는 데 전력을 다하도록 동기부여를 한다.

[문 6] 물(water). 왜냐하면 인간이 마시는 음료의 90% 이상이 물이기 때문이다.

[문7] 시장에서의 가격경쟁이 심하고 제품수명주기가 짧은 신제품의 신속한 출시가 중요하고 신제품개발 초기단계에서의 팀워크에 의한 사전 원가관리가 중요한 가전업체 등에 적합하다.

[문8] 전통적인 제품원가계산은 단지 제품의 전체 수명주기 중 생산주기 동안에 발생한 원가만을 대상으로 하는 반면에 수명주기원가계산은 연구·개발 및 엔지니어링, 생산, 판매 및 판매 후 서비스 및 폐기단계까지를 포함한다.

[문9] 제품원가계산시 수명주기원가계산을 사용하는 접근법의 대표적인 효익은 경영자에게 RD & E(Reserch, Development and Engineering) 주기, 생산주기, 판매 후 서비스 및 폐기주기에 관련된 원가를 관리하는 데 필요한 전체적인 틀(big picture)을 제공한다는 점을 꼽을 수 있다. 경영자는 이러한 전체적인 틀을 고려해서 어느 한 단계에서 이루어진 결정이 전체적인 제품수명주기에 미치는 영향을 관리할 기회를 얻는다. 이에 반해 전통적인 제품원가계산 접근법하에서는 이런 관리기회를 얻기가 불가능하다.

[문10] 전통적인 원가관리에서는 제품수명주기 중 생산주기에 초점을 맞추어 왔다. 생산주기에만 초점을 두는 전통적인 방법의 가장 심각한 문제는 생산단계 이후의 판매 후 서비스 단계 및 폐기단계에서 고려해야 할 제품원가뿐만 아니라 생산단계 이전의 RD & E단계에서 발생하는 제품원가를 무시하고 있다는 것이다.

[문11] 문제에서의 고정원가는 **확정원가**로 대체하는 것이 옳음. 제품수명주기와 관련하여 확정원가(costs committed)와 실제발생원가의 관계를 나타내고 있는 471쪽 <그림 12.5>에 의하면 확정원가의 대부분(80~85%)이 생산주기 이전의 의사결정에 의해 결정된다는 것을 잘 알 수 있다. 실제 발생원가는 전체 수명주기 동안에 걸쳐 이루어지는데 제조 이전의 전방(특히, RD & E)단계에서는 매우 작은 금액만이 발생하는 것으로 나타나 있다. 실제원가는 생산단계와 판매 후 서비스 및 폐기단계 동안에 급격하게 발생하고 있음을 주목할 필요가 있다.

[문12] 타겟코스팅과 전통적인 원가절감방법은 제품가격과 허용원가가 결정되는 과정에서 차이를 보인다. 전통적인 원가계산방식은 고객욕구에 따른 제품특성화를 위한 시장조사로부터 시작된다. 기업은 제품의 설계와 엔지니어링을 하고 제품의 생산원가를 결정한다. 만약 추정된 원가가 지나치게 높을 때는 제품설계를 수정할 수도 있다. 예상이익은 추정원가를 예상판매가격에서 차감하여 구한다. 타겟코스팅도 전통적인 원가계산방식과 마찬가지로 고객욕구와 제품특성화를 위한 시장조사를 행한다. 그러나 이러한 절차를 수행하는 면에서 두드러진 차이가 있다. 타겟코스팅하에서의 다음 단계는 목표판매가격과 목표제품수량을 결정하는 것이고 목표원가는 목표판매가격과 목표이익간의 차이로 결정된다.

[문13] 타겟코스팅 관점하에서의 판매가격, 이익 그리고 원가간의 식은 다음과 같이 나타낼 수 있다. 목표원가 = 목표판매가격 − 목표이익(C = S − P). 이와 대립되는 전통적인 관계식은 다음 두 가지로 표현된다. 그 하나는 예상이익 = 예상판매가격 − 예상원가(P = S − C)이고 원가가산기법이라 불리는 또 다른 하나는 예상이익과 예측된 원가를 단순히 합산하여 판매가격을 도출한다(S = C + P).

[문14] 목표원가가 일단 정해지면, 기업은 각 부품에 대한 목표원가를 결정해야 한다. 가치엔지니어링과정은 제품의 각 부품에 대해 이들의 원가가 기능을 유지하면서 절감될 수 있는가를 조사하는 것이다.

[문15] 매출액이익률(ROS, 매출총이익률)

[문16] ① (부문간)갈등, ② (종업원의) burnout (주관식 [문 2]의 해답 참조)

[문17] 중요한 차이점은 누가 원가절감을 위한 지식을 잘 알고 있는 사람인가에 대한 가정의 차이로 요약할 수 있다. 생산공정의 지속적 개선, 원가절감목표의 월별 수정 등을 통해 원가절감을 최우선과제로 삼는 카이젠코스팅은 작업자들이 원가절감을 위한 지식을 가장 잘 알고 있다고 가정한다. 한편, 실제원가 대비 목표원가 비교를 통한 원가차이분석 등을 행하는 것을 특징으로 하는 표준원가계산은 현생산공정의 안정성을 기반으로 원가통제를 실시하는 기법이다. 표준원가계산에서는 원가절감을 위한 지식을 제일 많이 가지고 있는 사람으로 각자의 기능에 관한 전문지식을 갖고 있는 엔지니어와 경영자를 들고 있다.

[문18] 타겟코스팅과 카이젠코스팅의 주된 차이점은 타겟코스팅이 제품수명주기 중 RD & E주기에 초점을 맞추는 반면, 카이젠코스팅은 생산주기에 초점이 맞추어져 있다는 것이다. 카이젠코스팅은 소규모 증분적 개선을 위주로 원가절감을 추진하는 반면 타겟코스팅은 보다 광범위하고 대량의 원가절감을 강조한다.

[문19] 일선작업자이다. 그 이유는 작업자가 엔지니어와 경영자보다 생산공정에 더욱 가까이 있으며 보다 세부적인 지식과 통찰력을 지니고 있기 때문이다.

[문20] 카이젠(改善, kaizen)이란 거대한 혁신을 통해서가 아니라 작지만 증분적인 원가절감을 통해 공정의 개선을 의미하는 일본 단어이다. 따라서 카이젠코스팅은 작으면서 지속적인 개선을 통해 원가절감을 이루는 기법을 의미한다. 이 기법은 제품수명주기 중 생산주기에 가장 잘 적용된다. 일본기업들은 RD & E단계에서 타겟코스팅을 이용하여 상당한 원가절감을 이루고 생산주기에서는 카이젠코스팅을 이용하여 작지만 증분적으로 원가절감을 시도하고 있다. 이렇게 각 수명주기에 따라 사용하는 기법이 다른 것은 생산주기에서 제품의 거대한 변화를 가져오게 되면 막대한 비용을 감수해야 하기 때문이다.

[문21] 목표가격과 목표원가가 결정되는 방법, 공급자와의 관계, 기업이 가치공학을 사용하

는 방법 및 타겟코스팅 과정을 관리하는 데 필요한 기업구조 및 문화 등에 관한 정보 등이다. 이러한 자료가 정보를 얻는 데 중요한 변수이지만 타겟코스팅에 관해 항상 연구해야 하며 특정기업에 관련된 사항을 이해해야 함은 물론이다.

연습문제

객관식

[문 1] ③

작지만 증분적인 원가절감을 통해 공정의 개선을 의미하므로 이는 제조단계에 해당한다.

[문 2] ①

[문 3] ⑤

목표원가계산(즉, 타겟코스팅)은 제조이전 단계에서의 원가절감을 추구한다.

[문 4] ③

카이젠원가계산은 작업자들이 원가절감을 위한 지식을 가장 많이 가지고 있다고 가정한다. 목표원가계산은 [문3] 참조

[문 5] ①

JIT는 역류원가계산(backflush costing)을 사용하여 제품원가를 계산한다.

[문 6] ①

②와 ③은 타겟코스팅(일명, 목표원가계산)을, ④는 원재료계정을 RIP(즉, 원재료 재공)계정으로 통합되어 관리됨을, 그리고 ⑤는 제조이전의 단계를 강조한다.

[문 7] ②

BET는 화폐의 시간가치를 고려한다.

주관식

[문 1] 수명주기원가

전통적인 원가관리 초점은 생산공정에만 집중되어 있다. 이러한 접근법으로는 생산 이전의 원가(예, 연구개발원가)와 생산 이후의 원가(예, 서비스원가)들이 기간비용으로 간주되고 기업은 이들을 발생한 기간에 비용처리한다. 그래서 이들 원가는 개별 제품과 연계되지 않는다. 다수의 기업들이 사용하는 전통적 회계처리절차나 방법은 부서나 기능별로 각각 분리되어 있다. 예를 들면, 설계공학, 생산, 마케팅, 물류, 설치/시운전(installation) 및 판매 후 서비스 등으로 분리되어진다. 이렇게 분리된 방법은 각 부서의 매니저가 자기 부서의 원가에만 신경을 쓰도록 하는 근시안적 관리를 유도한다. 특히, 생산부서에서는 제품원가의 정의시 생산공정에 관련된 원가만을 고려할 때는 제품의 전체 수명주기에 관련된 다양한 원가를 무시하는 오류를 범하게 된

다. 수명주기원가, 또는 생산 전과 생산과정 및 생산 후에 발생하는 제품원가를 이해하는 것은 의사결정자가 제품원가를 발생시키는 것이 무엇인가를 보다 현실적으로 분석하고 이해하는 데 극히 중요하다. 예를 들어, 만일 기업이 생산 전에 발생하는 제품설계와 개발원가를 줄일 수 있다면 이 기업은 생산과 서비스와 관련된 다른 제반 원가도 절감할 수 있다는 것을 의미한다. 수명주기원가시스템은 제품의 설계, 개발, 생산, 마케팅, 판매, 수선, 서비스 그리고 폐기단계에서 걸쳐서 발생하는 원가를 이해하고 관리하는 데 필요한 정보를 경영자에게 제공하는 원가시스템이다. 이는 또한 '요람'에서 '무덤'까지의 원가관리로도 알려져 있다.

[문 2] 타겟코스팅 : 실행에 관련된 문제

1. 타겟코스팅 과정에 관련된 여러 당사자들 사이에 갈등이 발생할 수 있다. 기업은 흔히 하청업자나 공급자에게 납품일정을 맞추고 원가를 절감하도록 압력을 가한다. 이러한 압력은 하청업자들과의 불편한 관계를 조성할 수 있다. 설계기술자들은 때로는 조직의 다른 분야에 있는 사람들이 원가절감에 신경을 쓰지 않는 것에 대해 불만스러워 한다. 자기들은 몇 십원의 원가를 절감하려고 온갖 노력을 다 기울이는데 조직의 다른 분야(관리, 마케팅, 유통)에서는 몇 천원씩을 낭비하고 있다고 주장한다. → 이 문제를 해결하는 방법으로 하청업자/공급자에게 원가절감 발생까지의 기간을 합리적으로 충분하게 주어 중압감을 감소시킬 수 있다. 무모하게 원가절감만을 요구하는 것은 갈등을 증폭시키는 결과를 가져온다. 설계기술자와 연관한 이슈는 기업의 다른 부서도 원가절감의식을 갖도록 유도함으로써 해결할 수 있다.

2. 타겟코스팅개념을 사용하고 있는 일본기업은 종업원들은 목표원가를 달성하려는 중압감으로 인해 탈진상태가 된다. 이는 특히 설계기술자들에 있어서 가장 두드러지게 나타난다. → 이 이슈는 타겟코스팅 목표를 높게, 하지만 달성가능하도록 설정함으로써 해결될 수 있다. 기업들은 자주 실현불가능한 목표를 설정하는 오류를 범하곤 한다. 설계기술자는 종종 그들이 당기의 목표를 달성하면 차기의 목표가 단계적으로 상승하여 더욱 달성하기 어려워지는 것을 두려워하고 있다. 그래서 그들은 의식적으로 자기직무가 그 목표에 좌우되지 않는다면 목표를 달성하지 않으려고 시도할 수도 있다. 기업은 종업원들과 설계기술자들이 기업에 없어서는 안 될 귀중한 자원이므로 그들이 탈진하지 않도록 세심한 주의를 기울여야 한다. 탈진(burnout)의 문제가 일본기업들이 타겟코스팅을 실행하는 데 있어 성패를 좌우하는 커다란 이슈로 여기고 있다.

3. 목표원가를 달성할 수는 있을지라도, 원가를 절감하려는 반복적인 가치엔지니어링 주기로 인해 개발시간이 늘어날 수 있다. 이는 결과적으로 제품이 시장에 늦게 나오게 하는 원인이 된다. 어떤 종류의 제품은 시장에 6개월 늦게 나오는 데서

발생하는 결과가 원가가 조금 더 발생하는 데서 오는 결과보다 훨씬 더 심각할 수 있다. → 이 문제는 기업에게 매우 심각한 문제이다. 분명히 목표원가의 절감을 계속하는 것과 느린 시장진입간에는 상쇄되는 점이 있다. 그러나 평균적으로 보면 목표원가를 달성함으로 얻는 이익보다 시장에 늦게 진입하여 매출의 기회를 놓침으로써 얻는 손실이 기업이 치명적인 영향을 미친다. 그래서 기업은 합리적인 타겟코스팅 접근법을 실행해야 하며 제품의 판매나 시장점유율 증가 등의 최종목표를 간과하는 오류를 범하지 않아야 한다.

[문 3] 카이젠코스팅 : 행태적인 문제

1. 카이젠코스팅을 실행하는 데 가장 큰 문제는 타겟코스팅 실행시 직면하는 문제와 유사한 것으로 종업원에게 가능한 모든 원가(눈감아줄 수 있는 원가)를 절감하도록 하는 엄청난 중압감을 주는 것이다. 중압감으로 인하여 여러 당사자 간의 내부 갈등이 일어나게 되며 종업원들이 탈진상태에 빠지는 경우가 많다.

2. 이러한 문제를 해결하기 위하여 일본의 자동차회사들은 신형자동차모델을 소개하기 전에 생산기간을 비교적 너그럽게 길게 잡아주고 있다. 소위 원가유지기간이라 불리는 이 기간은 종업원들에게 카이젠/목표원가에 대한 세로운 절차를 학습할 수 있는 기회를 제공하게 된다. 다른 해결책으로는 종업원들이 원가목표를 달성치 못했을 경우 일종의 벌칙을 부담하게 하는 것이다. 일본에서는 종업원을 종신고용의 형태로 채용하기 때문에 실질적으로 직장을 잃을 염려는 없으나 목표를 달성하지 못한 것과 관련된 체면손상, 기업이미지 손상 등의 사회적 벌칙이 효과를 발휘한다. 그러나 미국에서는 직장에서 퇴출당할 두려움이 더욱 크다. 미국내 경영자는 목표를 달성하지 못한 종업원을 퇴출시키는 것을 마지막 수단으로서만 사용해야 한다. 그렇지 않으면 문제를 더욱 악화시킬 뿐이다. 결론적으로 카이젠코스팅은 변화의 한 도구로서 이해되는 것이 바람직하며 그것이 변화의 주체로서 이해되는 것은 바람직하지 않다.

[문 4] 타겟코스팅과 서비스조직

이론적으로만 보면 타겟코스팅이 서비스기업에 적용되지 못할 것이라고 여길 수 있는 논리는 매우 약하다. 그러나 타겟코스팅기법은 연속적이지 않은 제조공정과 짧은 수명주기를 가진 제품에 적합하도록 개발된 것이 사실이다. 은행에서 만들어 내는 제품(혹은 서비스, 관점의 차이)으로는 당좌예금구좌, 저축예금구좌 및 다양한 대출관련 제품 등을 포함한다. 은행은 <표 12.1>에서 개략적으로 설명하는 단계를 따라 고객욕구에 대한 시장조사와 제품특성을 결정한다. 고객욕구는 당좌예금과 관련한 바람직한 이자율과 당좌수표의 색상 및 디자인 등의 고객의 관심을 끌 수 있는 정도의 수준이 있다. 다음으로 은행이 서비스하고자 하는 당좌계좌의 목표수량은 물론이고 목표판매가격 혹은 고객이 당좌계좌를 개설하고 유지하는 비용 등을 조사해야 한다. 고객이 구좌를 개설함으로써 얻을 수 있는 이익금액을 근거로 해서 목표이익이 결정되어야 한다. 이렇게 얻어진 목표판매가격과 목표이익의 차이가 목표원가가 된다.

[문 5] 타겟코스팅

추정수익	(₩10,000×3,000개)	₩30,000,000
-목표이익	(₩30,000,000×20%)	6,000,000
=목표원가		**₩24,000,000**

<주> 단위당 목표원가=₩24,000,000÷3,000=₩8,000

[문 6] 타겟코스팅

1.

단위당 판매가격	₩175
-단위당 변동판매비	25
-단위당 고정판매비 (₩400,000÷5,000)	80
-목표이익	20
=목표제조원가	**₩50**

2. 깃대 생산에 단위당 ₩80의 원가가 소요될 경우 ㈜신촌은 손실을 보게 되므로 가정용 깃대를 생산하지 않거나 목표제조원가를 달성하기 위해 단위당 ₩30의 원가절감 방안을 강구해야 한다.

[문 7] 타겟코스팅과 목표원가

총액접근법		단위당 접근법	
추정수익(₩500×5,000대)	₩2,500,000	예상판매가격	₩500
-목표이익(₩2,500,000×10%)	250,000	목표이익(₩500×10%)	50
=허용가능총원가	2,250,000	허용가능원가	450
-고정수수료	2,000	고정수수료(₩2,000/5,000대)	0.4
-변동수수료(₩50×5,000대)	250,000	변동수수료	50
=총허용제조원가 및 일반관리비	₩1,998,000	단위당 허용제조원가 및 일반관리비	₩399.6

$$\text{단위당 허용제조원가 및 일반관리비} = \frac{₩1,998,000}{5,000\text{대}} = \mathbf{₩399.6}$$

주의) 문제에서 제조원가와 일반관리비를 합친 목표원가를 요구하였으므로 원재료의 원가를 차감하지 아니한다. 만약 요구사항이 '단위당 가공비(=전환원가) 및 일반관리비를 합친 목표원가'라면 이때는 원재료비를 차감하여 (₩399.6-₩95=)₩304.6이 정답이 된다.

[문 8] 카이젠코스팅

		목표원가	실제원가	차 이
• 직접재료비				
– 플래스틱케이스	₩4×0.9 =	₩3.6	₩3.8	₩0.2(U)
– 렌즈세트	17×0.9 =	15.3	17.2	1.9(U)
– 전자부품세트	6×0.9 =	5.4	5.4	–
– 필름 트랙	12×0.9 =	10.8	10	0.8(F)
• 직접노무비	32×0.9 =	28.8	30	1.2(U)
• 제조간접비				
– 변동비	8×0.9 =	7.2	7.1	0.1(F)
– 고정비	2×0.9 =	1.8	1.9	0.1(U)
		₩72.9	₩75.4	₩2.5(U)

원가절감목표를 달성하지 못하였다. 즉, 원가절감목표를 달성한 비용은 직접재료비의 전자부품세트와 필름트랙 그리고 변동제조간접비이며 나머지는 모두 원가절감목표를 달성하지 못하였다. 특히, 자체생산하지 않고 있는 렌즈세트는 오히려 2013년보다 실제원가가 증가하여 목표달성 실패의 주된 원인이 되고 있다. 고정제조간접비는 생산량 증가로 인하여 단위당 원가는 2013년에 비해 감소하였으나 총고정제조간접비가 ₩28,000(₩19×120,000－₩2×100,000) 증가하여 목표달성에 미치지 못하였다.

[문 9] 수명주기원가계산을 통한 제품강조

1. 제품수명주기이익계산서는 사전적인 관리 관점이므로 사후적인 결산 실적을 집계하는 전통적인 손익계산서와는 차이가 있으며 보고형식은 가치사슬 관점에서 기록이 된다는 차이도 있다.

2.

	EE－46		ME－83		KE－17	
수 익		₩2,500		₩1,500		₩1,600
원 가						
• 연구개발원가	₩700		₩450		₩240	
• 설계원가	200		120		96	
• 제조원가	300		210		208	
• 판매원가	500		270		448	
• 유통원가	75		60		96	
• 고객서비스	375	2,150	150	1,250	608	1,696
영업이익		₩350		₩240		₩(96)

세 패키지의 수익성 순위는 다음과 같다.

영업이익		영업이익/수익	
1. EE－46	₩350,000	1. ME－83	16.0%
2. ME－83	240,000	2. EE－46	14.0%
3. KE－17	(96,000)	3. KE－17	(6.0%)

3. 세 패키지의 원가구조는 다음과 같다(단위: %).

	EE－46	ME－83	KE－17
• 연구개발원가	32.5	35.7	14.1
• 설계원가	9.3	9.5	5.7
• 제조원가	14.0	16.7	12.3
• 판매원가	23.3	21.4	26.4
• 유통원가	3.5	4.8	5.7
• 고객서비스	17.4	11.9	35.8
	100.0	100.0	100.0

[문 10] 타겟코스팅, 가치공학(VE), ABC

1. 활동을 기준으로 한 간접비의 배분은 다음과 같다.

	트바즈		프리미아	
	원가동인단위 (1)	원가배분 (2)＝(1)×비율/시간	원가동인단위 (3)	원가배분 (4)＝(3)×비율/시간
기계준비시간 : 시간당 ₩25	100*×12＝ 1,200시간	₩30,000	125**×18＝ 2,250시간	₩56,250
검사시간 : 시간당 ₩2	50,000×2.5＝ 125,000시간	250,000	25,000×4.75＝ 118,750시간	237,500
엔지니어링원가		170,000		280,000
총ABC간접비배부액		₩450,000		₩573,750

* 100생산준비＝50,000단위÷500단위/생산준비

** 125생산준비＝25,000단위÷200단위/생산준비

트바즈와 프리미아의 활동기준 전부원가는 다음과 같다.

	트바즈	프리미아
직접재료비	₩850,000	₩600,000
직접노무비	300,000	200,000
직접기계가동비	150,000	100,000
기계가동준비원가	30,000	56,250
검사원가	250,000	237,500
엔지니어링원가	170,000	280,000
총제조 및 전부원가	₩1,750,000	₩1,473,750
단위수	50,000	25,000
	₩35.00	**₩58.95**

2.

$$\text{트바즈의 단위당 전부원가 마크업} = \frac{\text{판매가격} - \text{전부원가}}{\text{전부원가}}$$

$$= \frac{₩40.60 - ₩35}{₩35} = \frac{₩5.60}{₩35} = \mathbf{16\%}$$

3. 뉴트바즈의 목표가격은 ₩34.80이다.
뉴트바즈의 단위당 목표원가를 *X*라고 하면
X(1.16) = ₩34.80이므로 따라서 *X*는 ₩**30**이다.

4. 뉴트바즈의 활동기준원가는 다음과 같다.

직접재료(₩17 - ₩2)×50,000단위	₩750,000
직접노동(₩6 - ₩0.50)×50,000단위	275,000
직접기계사용*(고정)	150,000
기계준비원가(7시간×100준비수×준비시간당 ₩25)	17,500
검사원가(2.5시간 - 0.5시간)×50,000×₩2	200,000
엔지니어링원가(트바즈와 동일)	170,000
전부원가(AC)	₩1,562,000
단위수	50,000
단위당 전부원가	₩31.25

* 기계사용원가는 장기적 고정원가이므로 뉴트바즈 단위가 20단위에 못 미치더라도 변하지는 않는다.

뉴트바즈 디자인은 단위당 ₩3.75(=₩35 - ₩31.25)을 절감하는데, 이는 뉴트바즈의 원가 ₩30.00을 달성하는 데 필요한 단위당 ₩5를 절감하는 데 미치지 못한다. 따라서 뉴트바즈는 목표원가절감을 달성하지 못한다.

5. 전부원가 ₩31.25에 16%의 마크업률을 적용한 뉴트바즈의 가격은 ₩**36.25**이다.

6. 홍익전자가 시장에서 50,000단위의 제품점유율을 유지하려면 목표가격을 ₩34.80으로 책정해야 한다. 만약 홍익전자가 ₩36.25의 원가가산가격으로 제품가격을 설정한다면 뉴트바즈에 대한 얼마간의 시장점유율을 잃을 것이다. 따라서 홍익전자는 원가절감노력을 계속해야 하며 원가동인의 수를 줄이는 디자인으로 변경하거나 원가동인 단위당 원가를 절감하는 방식으로 목표원가를 달성해야 할 것이다.

[저자소개]

신홍철(申洪哲) shinhc53@gmail.com

[학력]
서울대학교 경영학과, 동 대학원 회계학 전공, 미국 텍사스주립대학교(The University of Texas, at Austin) (회계학박사: 관리회계 전공)

[경력]
(주)유공 및 (주)선경 근무
미국 텍사스주립대학교 및 하와이대학교 교환교수
홍익대학교 경영대학원 및 세무대학원 원장
행정고시 및 공인회계사 시험 출제위원
홍익대학교 경영학과 교수
BSC 연구회 회장(2000년 이후~현재)

[주요 저서 및 역서]
『관리회계의 혁신－성공기업을 위한 전략적 관리회계의 실행』, 경문사, 1993.
『(전략적 관점을 강조한) 관리회계』, 경문사, 2001.
『지금 당장 회계공부 시작하라』(공저), 한빛비즈, 2012.
『IFRS 회계학원론』(공저), 도서출판 청람, 2013.
『新관리회계』(공저), 경문사, 2014. 등 총 21권의 저역서

이주원(李周媛) 87jwlee@hanmail.net

[학력]
이화여자대학교 법정대학, 동 대학원 회계학 전공(경영학박사)

[경력]
백석예술대학교 교수

[주요 논문 및 저서]
「국내기업의 ABC(Activity Based Costing) 실행과 활용수준에 미치는 영향요인에 관한 연구」, 2004.
「영업관리부문에서의 ABC도입 사례연구」, 2005.
「BSC의 효과에 관한 연구: 커뮤니케이션, 역할갈등, 보상시스템을 중심으로」, 2007.
「농림부의 통합성과 관리시스템에 관한 사례연구」, 2008.
「한국조폐공사 BSC 성과관리시스템의 운영이 조직유효성에 미치는 영향」, 2010.
『新관리회계』(공저), 경문사, 2014. 등 다수

강대준(Dae-Jun, Kang) djkangCPA@gmail.com

[학력]
홍익대학교 경영학부, 성균관대학교 경영전문대학원(석사과정, 회계전공)

[경력]
공인회계사, 세무사
삼일회계법인 근무(회계감사, 경영컨설팅)
인사이트파트너스 대표이사
대우조선해양 공과대학 경영학 겸임교수
삼성그룹, 현대자동차그룹, 현대중공업그룹, 두산그룹, 한화그룹, LG전자 등 기업 원가분석 과정 강의
국가공인 재경관리사 시험 출제위원

[주요 저서]
『게임으로 배우는 원가마인드』, 삼일회계법인, 2007.
『지금 당장 회계공부 시작하라』(공저), 한빛비즈, 2012.
『재경관리사 원가관리회계』(공저), 삼일인포마인, 2012.
『IFRS회계학원론 스터디가이드』(공저), 청람, 2013.
『新관리회계』(공저), 경문사, 2014. 등

新원가회계 3판 해답집

저　자　신홍철 · 이주원 · 강대준
발행자　한헌주
발행처　도서출판 **경문사**
서울특별시 서대문구 독립문로 21-9
전화 738-7035　FAX. 722-4678
E-mail : kmsp@korea.com
홈페이지 : http://www.kmsp.co.kr
등　록　1995년 11월 9일 제300-1995-138호

2013년 8월 19일 초판발행
2014년 7월 31일 2 판발행
2019년 2월 28일 3 판발행

정가 5,000원
ISBN 978 89-420-0898-8 93320